U0524761

本书为2020年湖北省社科基金一般项目（后期资助项目）（项目编号：2020064）、湖北大学新闻传播学院项目库学科建设项目成果。

社群经济商业模式及其影响因素研究

周亚齐 著

中国社会科学出版社

图书在版编目（CIP）数据

社群经济商业模式及其影响因素研究 / 周亚齐著 . —北京：中国社会科学出版社，2023.9
ISBN 978-7-5227-1872-9

Ⅰ.①社⋯　Ⅱ.①周⋯　Ⅲ.①网络经济—研究　Ⅳ.①F49

中国国家版本馆 CIP 数据核字（2023）第 077296 号

出 版 人	赵剑英	
责任编辑	任睿明　刘晓红	
责任校对	周晓东	
责任印制	戴　宽	
出　　版	中国社会科学出版社	
社　　址	北京鼓楼西大街甲 158 号	
邮　　编	100720	
网　　址	http://www.csspw.cn	
发 行 部	010-84083685	
门 市 部	010-84029450	
经　　销	新华书店及其他书店	
印　　刷	北京君升印刷有限公司	
装　　订	廊坊市广阳区广增装订厂	
版　　次	2023 年 9 月第 1 版	
印　　次	2023 年 9 月第 1 次印刷	
开　　本	710×1000　1/16	
印　　张	11.25	
字　　数	159 千字	
定　　价	66.00 元	

凡购买中国社会科学出版社图书，如有质量问题请与本社营销中心联系调换
电话：010-84083683
版权所有　侵权必究

前　言

互联网技术的不断进步与社交平台的迅猛发展，带来了社群爆发式地增长，社群的商业价值逐渐凸显。社群的运营者开始思考和探索如何从这一有着极大黏性的关系共同体中实现商业价值、构建商业模式，社群经济由此得到了迅猛的发展，成为国家"互联网+"战略下互联网新经济形态的重要构成部分。作为一个新兴的研究领域，目前关于社群经济影响因素的研究尚未得到充分的重视和探讨，该议题的研究不仅是对社群经济理论研究的丰富和完善，同时对于社群经济的商业实践亦具有重要意义。本书综合运用顾客感知价值理论、社会资本理论等理论资源，以对社群经济的本质与核心特征研究为逻辑起点，重点探讨用户感知价值、社群社会资本对社群经济的影响，并构建了本书研究的理论模型，在实证研究的基础上探寻社群经济的运营与管理策略，并对社群经济的未来发展趋势进行预判。

社群经济是围绕着拥有共同兴趣、认知、价值观的用户共同体，提供给他们所需产品或服务，并通过社群内部的互动、交流、协作和相互影响，对产品和品牌产生价值反哺，从而实现盈利。社群经济是以社群内积聚的大量的强、弱关系为基础、为纽带的经济行为和交易，因而，社群经济本质上是关系经济。与传统经济形态不同，社群经济呈现出情感性、自组织性、再生产性、范围经济等特征。社群经济发展的内在逻辑起点是用户的聚合，其核心是情感—信任体系构建，其商业价值的最终实现来自社群成员的交易、传播与协作行为。在社群经济发展的过程中，商业模式是社群实现价值变现的重要议题，社群经济的构成主体主要有社群运营方、社交沟通平台、服务支持平台和社群成员，社群变现的手段主要有广告、电商、会员费、用户付费、用户打赏等。但目前社群商业模式中还存在着盈利模式单一、社群的商业化与社群价值冲突、产品/内容创新与持续价值提供能力薄弱、商业价值开发程度低、用户价值未被完全开发等问题。

　　基于对社群经济本质、核心特征及发展逻辑的分析，由此提炼出用户感知价值、社群社会资本两个变量，重点探讨用户感知价值、社群社会资本对社群经济的影响。基于顾客感知价值理论、社会资本理论等理论基础以及以往的研究成果构建了用户感知价值、社群社会资本对社群经济影响的理论模型：社群所创造的用户感知价值以及社群社会资本对社群经济绩效具有正向影响作用。用户感知价值、社群社会资本通过影响成员的情感态度，即用户满意、社群认同而影响社群成员的购买、口碑传播、参与协作行为，在这一过程中，社群涉入度起到调节作用，并最终影响社群经济绩效。

　　以网络社群成员为研究样本，通过问卷调查与数据分析，对理论模型进行检验，得到以下结果：①社群用户感知价值的三个维度：功能价值、体验价值、社会价值均对用户满意有正向影响作用。②用户满意对社群认同、社群绩效具有正向影响作用，且用户满意在用户感知价值与社群绩效之间起中介作用。③社群社会资本由结构性要素（互动关系）、关系性要素（信任、互惠）、认知性要素（共同语言、共同愿景）三个维度构成，均对社群认同产生正向影响。④社群认同对社群绩效具有正向影响，且社群认同在社群社会资本与社群绩效之间起中介作用。⑤用户的社群涉入度正向调节用户满意与社群绩效、社群认同与社群绩效的关系。

　　作为社群经济的重要影响要素之一，用户感知价值是一个多维度的构成，包含功能价值、情感价值、社会价值等维度，社群运营者要通过打造社群品牌、优质产品的持续产出、让用户参与价值创造等途径来提升社群用户感知价值；社群社会资本是社群经济发展的重要战略资源。作为社群的运营者必须认识到用户是社群社会资本的重要来源，社群运营的核心就是要建立与用户的关系，通过保持持续互动，增强情感连接、建立核心价值观，提升社群价值、玩参与感游戏，激发协同与创造、加强社群风险管理来提升社群社会资本。

随着社群用户的不断积累，用户规模与用户黏性的日益增长，社群便具有了平台的价值，平台经济将成为社群经济未来发展的趋向。在平台经济的情境下，用户感知价值、社群社会资本的价值与作用将得到更大的彰显。社群运营者需具有平台思维，通过开放与共享，引入外部资源，共同构建一个相互促进、发展共赢的社群商业生态系统。

目 录

第一章 绪论 ··· 1

第一节 研究背景 ··· 1
第二节 研究意义 ··· 4
第三节 研究问题与研究范畴 ····························· 5
第四节 国内外相关研究综述 ····························· 6
第五节 研究思路与研究方法 ···························· 19

第二章 社群经济的本质、特征及商业模式 ················ 22

第一节 社群经济的本质 ································ 22
第二节 社群经济的核心特征 ···························· 27
第三节 社群经济发展的内在逻辑 ······················· 33
第四节 社群经济的商业模式 ···························· 40
第五节 本章小结 ······································· 46

第三章 研究假设与理论模型 ··························· 49

第一节 变量的界定与阐释 ······························ 49
第二节 理论基础与研究假设 ···························· 52
第三节 理论模型的确立 ································ 67
第四节 本章小结 ······································· 69

第四章 研究方法与研究设计 71

第一节 问卷设计与变量测量 71
第二节 预调研 78
第三节 正式问卷的发放与数据收集 89
第四节 本章小结 90

第五章 数据分析与结果 91

第一节 样本人口统计特征 91
第二节 样本数据的质量分析 93
第三节 结构方程模型检验 108
第四节 调节效应分析 118
第五节 研究结果讨论 123
第六节 本章小结 126

第六章 研究启示 127

第一节 用户感知价值是社群经济发展的重要影响因素 127
第二节 社群社会资本是社群经济发展的重要战略资源 135
第三节 社群经济未来发展趋向：平台经济 141
第四节 本章小结 154

第七章 研究局限与未来研究展望 156

第一节 本研究的局限性 156
第二节 未来研究展望 157

附 录 158

参考文献 163

第一章 绪 论

第一节 研究背景

一 从分散的个体到聚合的群体：网络社群的崛起

连接一切，是互联网的本质所在。数字网络的强大连接力，使得人类能够突破时间和空间的限制，实现人与人之间的自由聚合。20世纪60年代，米尔格兰姆提出了六度分隔理论，即你和任何一个陌生人之间所间隔的人不会超过六个，这一理论成为Web2.0的社会性特征的最佳解释。

在互联网产生之前，人与人之间的关系建立在血缘、社会交往的基础之上，这种关系牢固但却有局限。此时的信息获取主要依赖于人际传播和大众媒体传播，往往受到地理、时间、人际交往范围等方面的限制。随着互联网，尤其是移动互联网的发展，彻底突破了时间、空间的限制，实现了人与人、人与物、物与物的万物互联。互联网的崛起为人类展开了一幅全新的生活图景，在以信息技术为中心的网络革命中，人们日常的工作、学习、娱乐、购物、交往等这些曾经必须依赖特定物理空间场所所进行的活动，如今都可以在虚拟的网络空间中进行。互联网的自由与开放使得具有相同文化特征、兴趣爱好和价值观的人们得以自发地交往和聚集，通过交流形成了一个个具有归属感和共同价值观的群体，使"物以类聚，人以群分"真正成为可能。这种开放、互动的网络环境使得人与人之间的联系更加紧密，而这种紧密联系导致的结果就是一个个社群的诞生。

瑞恩高德（Rheingold）基于对 The WELL 网络会议室的讨论最早揭开了关于网络社群的研究。他将网络社群界定为一群借由网络彼此沟通的人们所形成的彼此认识、分享知识和资讯，并如同对待友人般彼此关怀的团体。网络的连接力冲破了人类交流的重重障碍和屏障，人们从之前封闭的个人世界里走出来，在全球性的网络大环境中结识陌生人，分享兴趣和经历，与世界联通。网络延伸了人们的社交半径，基于虚拟网络的社会互动促成了一个个新的群体组织的诞生，实现了人的社会化。如今，这种虚拟的"互联网社会"对我们现实社会的渗透越来越深，融合得越来越紧密，并正在改变我们的社会形态。从某种意义上说，这不是一次技术革命，而是一次社会革命。

社群的崛起对社会产生了广泛的影响，当单一的个体集结为社群，便会释放出巨大的群体力量和群体智慧，引发传播格局、营销理念乃至企业商业模式的变革。

二　社群的商业价值凸显：从流量变现到社群变现

在移动互联网时代，人是一切的中心，人与人、人与物的连接产生了大量的"关系"，致使我们的商业驱动力从流量转换为关系。传统的商业模式，注重的是"量"，如今更注重"质"，即关系的建构。传统的流量变现模式尽管如今还未消亡，但随着用户社群化的发展，未来商业模式将从流量变现逐渐向社群变现转型。

在传统的互联网行业，流行着一个公式：用户＝流量＝金钱。"流量为王"成为行业信奉的法则。流量简单理解就是用户的注意力。流量意味着体量，就是规模。当得到用户源源不断的关注时，企业就能成为聚合的"入口"，流量就能转化为商业价值，这就是传统的流量变现的商业逻辑。因此，传统互联网时代的竞争主要是基于用户规模的平台竞争。流量是注意力经济时代的产物，与过剩的信息资源相比，用户的注意力成为稀缺资源。在传统的互联网时代，看重的是流量，强调对用户注意力资源的占有量。

随着移动互联网时代的到来，传播的去中心化、受众碎片化使得依赖于PC端而发挥其作用的Web、流量等渐渐失去了原有的价值，被各种垂直化的入口分流。用户的注意力越来越难以获取并保持忠诚，这就导致原来以争夺个体注意力为主的流量变现模式渐渐失灵。如今的互联网用户是社群化的用户，社群是一种基于价值观的情感连接，这种连接更稳固，用户黏性更强。同时，社群内部成员可以通过分享与协作，运用群体智慧创造出远超于流量的多元的价值。面对社群化的用户，企业必须思考新的商业变现模式。

所谓社群变现，是指围绕着拥有共同兴趣、认知、价值观的用户共同体，提供给他们所需的产品或服务，并通过社群内部的互动、交流、协作和相互影响，对产品和品牌产生价值反哺，从而实现盈利。社群变现是流量变现的更高层次，社群用户＝流量，但绝不止于流量。社群的特性决定了社群具有比流量更强大、更持久、更稳定的变现能力。传统的流量变现模式中，用户是分散的，连接关系是单向的，无法形成价值反哺和自运转。而基于关系建构起来的社群因为有了持续的互动、共同的价值观与分工协作，则是一种多维的、双向的、协同共创的自运转系统，由此产生持久的、源源不断的价值。

社群经济是基于社群的一种全新经济形态，它的产生与发展既顺应了互联网时代下用户社群化的趋势，同时作为一种新的商业形态成为互联网经济的重要构成。在我国经济已由高速增长转向高质量发展的背景下，社群经济的产生和发展为传统企业转型升级、新业态和新商业模式的发展提供了一种新的思路和可能性，成为建设现代化经济体系的重要驱动力。本书试图对社群经济的影响因素进行考察，进而提出在实践层面的可行性对策并对社群经济的未来发展趋向进行探究，以期为行业发展、学术研究提供一定的参考。

第二节　研究意义

一　理论意义

第一，对于社群经济的理论研究是当下营销传播、企业经营管理研究中的一个前沿话题。网络社群的崛起，社群经济的产生和发展，对消费者、营销理念、企业运营、商业模式等方面均产生了颠覆性的影响，但目前学界对于社群经济的理论研究尚不够充分，亟须丰富和完善。

第二，关于社群经济影响因素的研究是社群经济研究的重要议题，但目前关于社群经济影响因素的研究尚不够深入。本书研究力图通过对用户感知价值、社群社会资本对社群经济影响的探究揭示出社群经济的影响因素及其作用机理，进一步完善和深入关于社群经济的理论研究。

第三，对社群经济研究视角的拓展。社群的内涵丰富，涉及社会学、传播学、心理学、营销学、经济学等多个领域，因而，对社群经济的研究不应限于单一的维度。本书将综合运用社会心理学、营销学、传播学等多学科理论资源对用户感知价值、社群社会资本对社群经济的影响进行探讨，尝试以多学科视角丰富社群研究的内容。

二　现实意义

对于社群经济及其影响因素的研究是企业营销实践发展的要求。在互联网的背景下，传统的广告营销和企业管理理论已不足以指导社群商业运作的实践，因而对于社群经济的研究就显得迫切且必要。本书研究深入前沿，考察用户感知价值、社群社会资本对社群经济的影响，并在实证研究的基础上探寻社群经济的运营策略与组织管理，对社群运营者以及营销者们提供一定的参考，以更好地指导社群经济实践的开展。

同时，对于社群经济的研究亦是现代社会、经济发展的需要。本书研究在对社群经济进行理论研究与实证研究的基础上，以社群经济的运营与管理策略的探究为落脚点，对于推动互联网时代经济的转型，尤其是推动传统企业商业模式的转型与创新发展具有实践指导价值和实际应用价值。

第三节　研究问题与研究范畴

一　研究问题

社群经济作为一种新兴的经济形态逐渐进入了研究者们的视野，本书研究以用户感知价值、社群社会资本对社群经济的影响为切入点展开关于社群经济的研究，试图探究以下几个方面的问题：

第一，社群经济的本质、核心特征及其发展逻辑为何？

本书首先从社群经济的基础性问题出发，探讨社群经济的内涵与本质、其核心特征有哪些？社群经济发展的内在逻辑为何？社群经济的商业模式是什么？这是本书研究的基础，也为后续的研究做好铺垫。

第二，用户感知价值、社群社会资本对社群经济的影响为何？

探究用户感知价值、社群社会资本对社群经济产生何种影响作用以及二者是如何作用于社群经济绩效的？是直接影响还是借由中介变量产生作用？中介变量是什么？是否存在调节变量对社群经济绩效产生影响？依据相关理论及以往研究成果构建理论模型，并通过实证进行验证。

第三，如何在社群经济的商业实践中提升社群经济绩效？社群经济未来发展趋向为何？

在实证结果的基础上得到获得验证的影响要素，进而从实践层面思考如何提升用户感知价值与社群社会资本，同时对社群经济未来发展趋势进行预判，总结出相关的社群运营与管理的策略，以更好地提升社群经济效益。

二　研究范畴

本书所研究的对象首先是网络虚拟社群，即在网络空间中基于共同的兴趣、爱好或目的,通过频繁互动与交流所形成的具有统一价值规范和行动能力的共同体。如微信群、QQ群、微信公众号、App应用程序等。

同时,本书研究的网络社群是带有商业目的社群,即除了日常的交流、互动外,社群的创建者或者管理者会向成员推荐、售卖产品,如在线付费课程、美妆产品、母婴产品、书籍、食品、健身服务等。纯做兴趣、情感交流、工作沟通所用的QQ群、微信群,如亲友群、工作群、同学群等不包括在内。

第四节 国内外相关研究综述

一 网络社群相关研究

网络社群的研究始于20世纪90年代,随着互联网的发展,现实社区向网络虚拟社区延伸,越来越多的学者将研究视野转到了虚拟网络社群的研究上。

(一)网络社群的内涵、特征与分类

从概念的衍生来看,网络社群(Virtual Community)由美国社会学家瑞恩高德(Rheingold)首次提出,他将网络社群界定为一群借由网络彼此沟通的人们所形成彼此认识、分享知识和资讯,并如同对待友人般彼此关怀的团体。在瑞恩高德看来,网络社群包括三个基本要素:网络空间、公众讨论、人际关系。首先,社群活动的开展是在网络虚拟空间中进行的;其次,社区参与者主动地进行话题、情感或知识的分享与讨论;最后,参与者经过长期的讨论与交流所形成的各种关系。[①]

随后,尽管不同的研究者从不同的视角对网络社群进行界定,

---

① Rheingold H., *The Virtual Community: Homesteading on The Electronic Frontier*, MIT Press, 2000.

但都基本围绕着瑞恩高德提出的三要素中的某一个或几个要素。如曼纽尔·卡斯特①（Manuel Castells）认为，网络社群是人们在网络空间中围绕着一个共同的目标而形成的开展共同活动的集合体。丹尼斯·麦奎尔认为，网络社群是人们在互联网上通过交流、讨论所达成的线上团体。②

国内的学者对于网络社群的定义还没有达成一致的共识。彭兰③将网络社群定义为群体成员通过电脑网络进行信息或意见交流所形成的一种人际关系。杜骏飞④认为网络社群是具有共同兴趣及需要的人们组成、以旨趣认同的形式在线聚合的网络共同体。郭莉等⑤认为网络社群是通过在网络空间进行交流和互动的网络用户群体。但这些定义都忽略了社会学上关于"群体"的本质特征：有明确的成员关系、有持续的相互交往、有一致的群体意识和规范、有一定的分工协作和一致行动的能力。本书将网络社群界定为：在网络空间中基于共同的目的，通过频繁互动与交流所形成的具有统一价值规范和行动能力的共同体。

网络社群脱离了现实社群的物理空间限制，体现出其独有的特征，国内学者从传播学、社会学视角进行了研究。王丽⑥认为网络社群的传播特征是社群角色的非现实性、网络人际的似真性、信息资源的超文本性、传播影响链的泛层级化。周健和徐成华⑦认为网络社群具有多样性、互动性、聚众性、互补性的社会特征。张文宏

---

① ［美］曼纽尔·卡斯特：《网络社会的崛起》，夏铸九译，社会科学文献出版社2001年版，第442页。
② ［美］丹尼斯·麦奎尔：《麦奎尔大众传播理论》，崔保国、李琨译，清华大学出版社2006年版，第427页。
③ 彭兰：《网络传播学》，中国人民大学出版社2009年版，第123页。
④ 杜骏飞：《存在与虚无：虚拟社区的社会实在性辨析》，《现代传播》2004年第1期。
⑤ 郭莉等：《虚拟社区中的社群交互：研究综述》，《技术经济》2014年第12期。
⑥ 王丽：《虚拟社群传播生态特征与消费心理似真性》，《新闻界》2006年第2期。
⑦ 周健、徐成华：《网络社群的社会组织特征》，《中国广播电视学刊》2011年第1期。

认为网络社群的特征为开放性、超时空性、虚拟性。①

关于网络社群的分类研究者们因研究目的和角度不同而采用不同的分类标准，Hagel②的分类方法被普遍认同，他根据社群对成员需要的满足，将社群分为兴趣社群、关系社群、幻想社群和交易社群四类。Szmigin等③将虚拟社区中的社群分为：帮助社群、价值交换社群、粉丝俱乐部、防御组织。

在国内的研究者中，谢泽明④依据社群成员心理活动将网络社群分为情感表达类、性心理类、娱乐心理类、消费心理类和黑客心理类。杜骏飞⑤则将网络社群分为道德社群、规范社群、兴趣社群和接近社群。耿晓彦⑥认为按存在目的可分为：交流性虚拟社区、功能性虚拟社区。孔剑平⑦将网络社群分为产品型社群、兴趣型社群、品牌型社群、知识型社群、工具型社群。

（二）网络社群成员参与动机研究

关于网络社群互动的研究资料颇为丰富，尤其是对网络社群参与行为影响因素、社群参与动机的研究。在研究视角上以社会学、管理学居多，在研究方法上多通过实证研究的方法考察社群互动的动机和影响因素。Teo等⑧研究发现归属感是社群参与的重要动机之

---

① 张文宏：《网络社群的组织特征及其社会影响》，《江苏行政学院学报》2011年第4期。

② Hagel J.，"Net gain：Expanding Markers Through Virtual Communities"，*Journal of Interactive Marketing*，Vol. 13，No. 1，1999.

③ Szmigin I.，et al.，"Online Community：Enhancing the Relationship Marketing Concept Through Customer Bonding"，*International Journal of Service Industry Management*，Vol. 16，No. 5，2005.

④ 谢泽明：《网络社会学》，中国时代出版社2002年版，第95—96页。

⑤ 杜骏飞：《网络传播概论（第三版）》，福建人民出版社2008年版，第360页。

⑥ 耿晓彦：《虚拟社区——基于网络发展的组织形态研究》，《科教文汇》2008年第1期。

⑦ 孔剑平：《社群经济：移动互联网时代未来商业驱动力》，机械工业出版社2015年版。

⑧ Teo H. H.，et al.，"Evaluating Information Accessibility and Community Adaptivity Features for Sustaining Virtual Learning Communities"，*International Journal of Human Computer Studies*，Vol. 59，No. 5，2003.

第一章
绪论

一。Chiu 等[①]提到社会互动关系、信任、互惠、身份、共同愿景会影响知识分享行为。Wasko 和 Fara[②]认为互惠是用户参与社群交互的动机。Dholakia 等[③]从社会认同的角度探究了参与动机。

互动是社群存续的核心,随着研究的深入,学者们对社群如何互动开展了研究,探索虚拟社区中社群交互的模式。主要有以下几种:McMillan 的社群交互四部分模型[④],Szmigin 等提出的连接顾客三角形模型[⑤]。Wu 和 Chang 提出的交互、信任、流动、交易倾向模型[⑥],以及 Adiele 提出的虚拟社区中企业对企业的在线 B2B 交互模型[⑦]。除了社群交互四部分模型以外,其余的模型都是从市场营销的角度提出的。

而在国内的研究中,研究者大多从社会学、社会心理学的研究视角开展实证研究。潘曙雅和张煌棋[⑧]从互动仪式理论的角度出发,通过个案分析,研究网络粉丝社群的互动机理。马忠君[⑨]从虚拟社

[①] Chiu C. M., et al., "Understanding Knowledge Sharing in Virtual Communities: An Integration of Social Capital and Social Cognitive Theories", *Decisionsupport Systems*, Vol. 42, No. 3, 2006.

[②] Wasko M., Fara J. S., "It is What One Does: Why People Participate and Help Others in Electronic Communities of Practice", *The Journal of Strategic Information Systems*, Vol. 9, No. 2, 2000.

[③] Dholakia, et al., "A Social Influence Model of Consumer Participation in Network and Small-group-based Virtual Communities", *International Journal of Research in Marketing*, Vol. 21, No. 3, 2004.

[④] McMillan S. J., "A Four-Part Model of Cyber-interactivity Some Cyber-places are More Interactive Than Others", *New Media&Society*, Vol. 4, No. 2, 2002.

[⑤] Szmigin I., et al., "Online Community: Enhancing the Relationship Marketing Concept through Customer Bonding", *International Journal of Service Industry Management*, Vol. 16, No. 5, 2005.

[⑥] Wu J. J., Chang Y. S., "Towards Understanding Members Interactivity, Trust, and Flow in Online Travel Community", *Industrial Managementg & Data Systems*, Vol. 105, No. 7, 2005.

[⑦] Adiele C., "Modeling Interactivity in a B2B Web-based Community", 2008 Third International Conference on Digital Information Management, IEEE, 2008.

[⑧] 潘曙雅、张煌棋:《虚拟在场:网络粉丝社群的互动仪式链》,《国际新闻界》2014 年第 9 期。

[⑨] 马忠君:《虚拟社群中虚拟自我的建构与呈现》,《现代传播》2011 年第 6 期。

群中虚拟自我的建构与呈现角度探讨了社群成员进行社群参与的动机。王平等[①]从管理学的角度,认为消费者生成内容行为受到激励、标识、地位、知识和声望的影响。黄彪文和殷美香[②]认为虚拟社群的流动性特征是社群参与的根本动机。申小蓉等[③]认为社群成员间的互动行为可以提高成员对社群的文化认同。罗家德等[④]认为认知社会资本、关系社会资本和结构社会资本都对个人在社群中的知识分享有显著影响。黄丽丽等[⑤]从个体日常生活、虚拟社群中的关系、社会文化心理三个视角分析虚拟社群信息分享的动机,包括自我认同、互信、互惠机制、参与精神等。在品牌社群的研究领域,王新新和薛海波[⑥]认为消费者参与品牌社群的内在动机包括社交动机、休闲娱乐动机、信息动机、能力成就动机和经济利益动机。李巍和陆林[⑦]从社会认同视角、苏奕婷和王兴元[⑧]从消费者价值需求维度对消费者的参与动机进行了研究。

综观国内外学者的研究,学者大多从受众的视角,结合动机理论、期望理论、社会资本理论和社会认知理论等展开了较为深入的研究。这为我们研究社群经济情境下用户的参与行为提供了丰富的理论基础与研究成果。

---

① 王平等:《情境因素对网络社群中消费者生成内容行为的影响研究——以IT产品消费为例》,《财贸经济》2012年第2期。

② 黄彪文、殷美香:《在个体与集体间流动:论虚拟社群的参与动机与交往基础》,《国际新闻界》2014年第9期。

③ 申小蓉等:《互联网虚拟社群组织文化认同研究——以"保研论坛"为例》,《西南民族大学学报》(人文社会科学版)2014年第5期。

④ 罗家德等:《实践性社群内社会资本对知识分享的影响》,《江苏社会科学》2007年第3期。

⑤ 黄丽丽等:《影响虚拟社群信息分享的因素:多层分析视角》,《国际新闻界》2014年第9期。

⑥ 王新新、薛海波:《消费者参与品牌社群的内在动机研究》,《商业经济与管理》2008年第10期。

⑦ 李巍、陆林:《品牌社群作用机制的实证分析——消费者参与的中介作用》,《西南大学学报》(社会科学版)2010年第5期。

⑧ 苏奕婷、王兴元:《品牌共建视角下参与品牌社群的影响因素研究》,《华东经济研究》2015年第4期。

二 社群经济相关研究

目前,关于社群经济的研究主要呈现在对社群经济的内涵与特征研究、社群运营、商业模式、社群绩效影响因素等方面。

(一) 社群经济的内涵

随着网络社群爆发式地增长,社群的商业价值逐渐凸显,并逐渐引起了业界和学界的重视,引发了对社群经济、社群商业模式的讨论。

2010年,艾瑞克·奎尔曼基于对社交媒体的研究写成了《社群新经济时代》一书,由此揭开了关于"社群经济"的研究。[①] 社群经济作为一个新的概念,学术界和业界目前都尚未达成统一认识。胡泳[②]认为社群经济是利用社群所产生的生产力。赵大伟[③]从用户的视角将社群经济界定为在大数据技术的驱动下由用户所主导的C2B商业形态。郝天喜[④]从自组织理论的视角将社群经济定义为由社群与成员共同形成的自运转、自循环的范围经济系统。孔剑平[⑤]对社群经济的定义综合了以上观点,他认为社群经济是为特定的目标群体提供产品和服务,通过有效的社群运营,激发成员的参与度、传播力和创造力,所形成的可持续性的价值生产与消费系统。在对社群经济进行界定时,往往会涉及粉丝经济这一概念。二者之间既有联系,也存在区别。孔剑平认为,社群经济是对粉丝经济的深化和延伸。金韶等亦认为社群自组织传播和协作创造能力是社群经济区别于粉丝经济的本质特征。

[①] [美]艾瑞克·奎尔曼:《社群新经济时代——生活与商业行销模式大进化》,洪慧芳译,财信出版社2010年版。

[②] 胡泳:《社群经济不等于粉丝经济》,《商学院》2015年第9期。

[③] 赵大伟:《社群商业:移动时代的商业图景》,《中华合作时报》2014年8月15日第B08版。

[④] 郝天喜:《罗辑思维正在偏离"社群经济"吗?》,虎嗅网,https://www.huxiu.com/article/37075/.

[⑤] 孔剑平:《社群经济:移动互联网时代未来商业驱动力》,机械工业出版社2015年版,第21页。

（二）社群经济的特征

产生于移动互联网背景之下的社群经济体现出了不同于传统经济形态的特性，学者从多个视角对于社群经济的特征进行了研究，主要有以下观点：

金韶和倪宁[①]对社群经济的传播特征进行了研究，并指出聚合力和裂变效应是社群的外在传播特征、情感价值是社群的内在传播特征、自组织传播和协作是社群运行和发展的核心逻辑。胡征宇[②]从社群经济的主体结构、运行方式、目标设定三个维度对社群经济的特征进行了分析，他认为社群经济的主体是产品生产者与消费者共同构成的复合主体，在运行方式上是通过协同的方式形成了产—消互动模式，其行动目标是一种共享式目标。王弋[③]认为社群经济拥有渠道费用（中间成本）为零、产品信息流通迅速，易于搭建新的商业链条、社群成员以非功利的价值交换为主要连接方式，产业跨界组合等特性。郝天喜[④]认为社群经济具有情感连接、利益联结、范围经济三个特征。具体而言，一是社群成员之间所建立的情感关系；二是社群内部成员能够进行价值创造并获得回报；三是社群经济是小范围内的商业生态系统，可以自生长、自循环。

（三）社群运营与社群经济商业模式研究

对于社群运营的研究多是从典型案例的分析出发，如豆瓣网、罗辑思维等，结合业界实践总结出相关的策略主张。唐兴通[⑤]提出了引爆社群的新4C理论，即Content（场景）、Community（社群）、Connections（连接）、Context（内容）。这是对传统4C理论的突破，

[①] 金韶、倪宁：《"社群经济"的传播特征和商业模式》，《现代传播》2016年第4期。

[②] 胡征宇：《以社群经济推进社会与市场的有机对接》，《浙江社会科学》2016年第2期。

[③] 王弋：《基于互联网社群经济的图书出版营销策略》，《中国出版》2016年第22期。

[④] 郝天喜：《罗辑思维正在偏离"社群经济"吗？》，虎嗅网，https://www.huxiu.com/article/37075/。

[⑤] 唐兴通：《引爆社群：移动互联网时代的新4C法则》，机械工业出版社2015年版。

从社群的营销、传播特征出发,具有一定的指导意义。还有学者从社群创建到运营的动态、过程角度对社群运营的策略进行了探究,寇尚伟[①]提出了社群打造的"三步走"策略:定位、聚粉、运维。周再宇[②]认为种子用户、机制、自运转系统是社群运营的关键。吴晓波认为社群运营需要把握三点:一是有态度的内容,二是圈层化互动,三是共享互利。可见,研究者对于社群运营的关键要素并未达成统一,这也说明目前社群营销尚处在初期的摸索阶段,还未完全成熟。

对于社群经济的探讨,商业模式是其核心研究内容,社群经济的出现对传统的商业模式产生了颠覆性的影响,学界尝试进行社群商业模式的建构。温婷[③]认为目前社群经济的变现模式主要有广告、电商和粉丝打赏。金韶和倪宁[④]指出社群商业模式主要由用户参与的生产模式、品牌社群的营销模式、体验至上的消费模式构成。赵大伟[⑤]认为社群商业模式即是"内容+社群+商业"。其中,内容是吸引用户的入口,用户的聚合往往因内容而产生;社群通过运营形成良好的用户关系,是留存社群用户的重要因素;社群的流量价值最终依靠商业变现来实现。王江荟[⑥]认为社群经济的组成包含内容、产品、商业三要素,其中内容是最重要、最基础的要素。总体来看,以上的研究都只是指出了社群经济系统中的若干要素,未能提出一个明确的社群经济商业模式。

(四)社群绩效的影响因素及其测量研究

1. 社群绩效的影响因素

关于虚拟社群绩效影响因素的研究是一个相对较新的领域,学

---

① 寇尚伟:《如何玩赚社群》,《销售与市场》2015 年第 28 期。
② 周再宇:《社群运营:冷启动、热运营和自生长》,《新营销》2016 年第 3 期。
③ 温婷:《社群经济,下一个"风口"?》,《上海证券报》2016 年 6 月 29 日第 7 版。
④ 金韶、倪宁:《"社群经济"的传播特征和商业模式》,《现代传播》2016 年第 4 期。
⑤ 赵大伟:《社群商业:移动时代的商业图景》,《中华合作时报》2014 年 8 月 15 日第 B08 版。
⑥ 王江荟:《社群经济——信息时代新经济形态》,《新经济》2016 年第 24 期。

者们通过对一些成功的网络社群进行研究，总结出社群成功的要素，以期对社群运营产生启示。关于虚拟社群绩效影响因素的研究成果主要有：

Lindquist 的研究发现，身份、交互、信任、交流方式、网络化、联系度、产出、价值、管理等因素对于虚拟社群非常重要。

Hernandes 和 Fresneda[①]认为成员对社群知识领域、社群目标的了解程度、相互理解、信任、互惠氛围、积极调节、面对面交流、非口头标志传播、传递或产生信息的储存、成员知识背景、行为规范、社群目标具体化对社群绩效产生影响。通过问卷调查发现，成员对社区目标的认识、成员对社区知识领域的认识、信任是影响虚拟社区绩效最为重要的三个因素。除此以外，作者在问卷调查中还发现，技术平台可靠性、网络反应性、社区稳定性因素也得到很多社区成员的支持。

Leimeister 等[②]通过文献研究和梳理，认为社群绩效的影响因素包括社群管理者和社群成员两个方面，研究结果显示，成员因素包括信任、成员认知、内容新鲜度、内容质量、成员激励、成员互助、行为准则、现实会面、成员信息处理、活动安排、对成员的指导、网页风格、自主管理、网速、网页的稳定性、奖励、个性化服务、内容扩展。管理者因素包括：目标群体集中性、社区改进。

Ho 和 Huang[③]从成员与领导者视角对电子游戏社区的成功因素进行研究，认为社群领导者参与显著影响成员满意度，成员满意度正向影响其忠诚度和使用意向。

---

① Hernandes C. A., Fresneda P. S., "Main Critical Success Factors for the Establishment and Operation of Virtual Communities of Practice", 3rd European Knowledge Management Summer School 7–12 Sept, 2003 San Sebastian, Spain, 2002.

② Leimeister J. M., et al., "Success Factors of Virtual Communities from the Perspective of Members and Operators: An Empirical Study", Hawaii International Conference on System Sciences IEEE, 2004.

③ Ho S. H., Huang C. H., "Exploring Success Factors of Video Game Communities in Hierarchical Linear Modeling: The Perspectives of Members and Leaders", *Computers in Human Behavior*, Vol. 25, No. 3, 2009.

在国内的研究者中，孙居好[①]在以往研究的基础上通过实证验证了虚拟社区绩效的四个影响因素为：社群的目标与定位、成员交互与社群凝聚力、社群组织、基础架构，如图1-1所示。

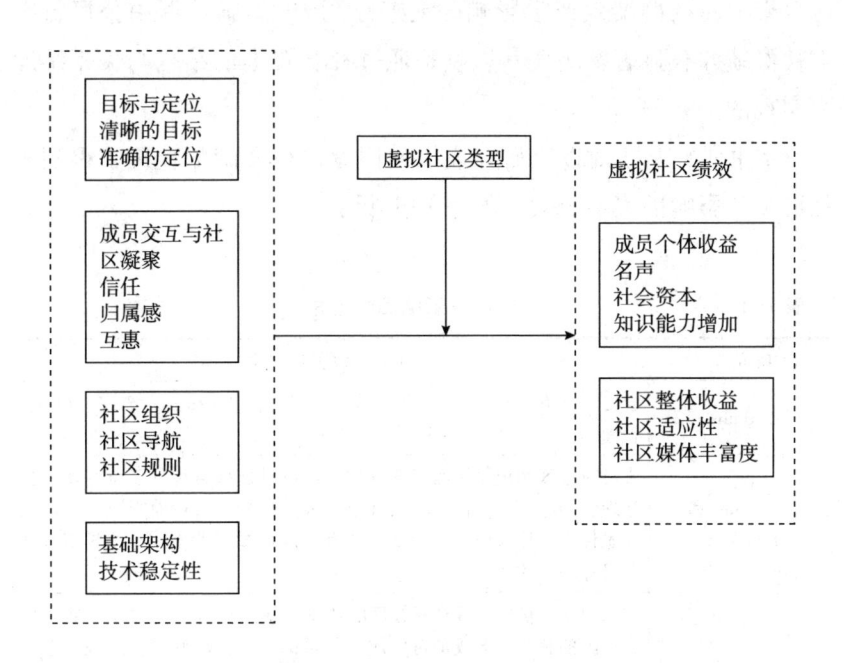

```
┌─────────────────────┐
│ 目标与定位          │
│ 清晰的目标          │
│ 准确的定位          │
├─────────────────────┤      ┌──────────┐      ┌─────────────────────┐
│ 成员交互与社        │      │          │      │ 虚拟社区绩效        │
│ 区凝聚              │      │虚拟社区类型│      │                     │
│ 信任                │─────▶│          │─────▶│ 成员个体收益        │
│ 归属感              │      └──────────┘      │ 名声                │
│ 互惠                │                         │ 社会资本            │
├─────────────────────┤                         │ 知识能力增加        │
│ 社区组织            │                         ├─────────────────────┤
│ 社区导航            │                         │ 社区整体收益        │
│ 社区规则            │                         │ 社区适应性          │
├─────────────────────┤                         │ 社区媒体丰富度      │
│ 基础架构            │                         └─────────────────────┘
│ 技术稳定性          │
└─────────────────────┘
```

图1-1 虚拟社区绩效衡量模型

资料来源：孙居好：《社区成员视角的虚拟社区评价指标体系研究》，硕士学位论文，浙江大学，2006年。

社会资本被广泛地用于对社群绩效影响因素的研究中，薛海波[②]从社会资本的结构维度（网络中心性）验证了其对社群绩效的影响作用。程忻[③]认为交易型旅游社区中社区影响力、信息质量、

[①] 孙居好：《社区成员视角的虚拟社区评价指标体系研究》，硕士学位论文，浙江大学，2006年。
[②] 薛海波：《网络中心性、品牌社群融入影响社群绩效的实证研究》，《当代财经》2011年第10期。
[③] 程忻：《交易型旅游虚拟社区绩效影响因素与社区参与者忠诚度的关系研究》，硕士学位论文，浙江大学，2012年。

导航功能、目标与定位、社区规则对社群绩效具有影响作用。宋树岩[①]认为社群成员社会资本投入对虚拟社群绩效有正向影响，范双文[②]认为社区特征（社区成员参与、信息质量和社区管理）通过社区凝聚力对社群绩效产生影响。王婷婷[③]指出品牌社群中公民行为对社群绩效有显著影响，其影响是通过社会资本的结构与关系维度而实现的。

本书研究基于对以上研究成果的回顾进行文献的梳理，得到了社群绩效影响因素汇总表，如表1-1所示。

表1-1 社群绩效影响因素汇总

研究者	社群绩效影响因素
Lindquist	身份、交互、信任、交流方式、网络化、联系度、产出、价值、管理
Hernandes 和 Fresneda	成员对社区知识领域的了解程度、成员对社区目标的了解程度、相互理解的建立、信任、互惠氛围、积极调节、面对面交流、非口头标志传播、传递或产生信息的储存、成员知识背景、行为规范、社群目标的具体化
Leimeister, Sidiras 和 Krcmar	成员因素：信任、成员对社区的评估、最新内容、高质量内容、成员贡献的感激、老成员对新成员的帮助、行为准则、通过现实会面支持社区、成员信息的处理、安排有秩序的活动、对成员的指导、成员根据自身需要安排社区网页风格、准许并鼓励成员进行社区管理、网页的反应速度、网页的稳定性、对忠诚成员的奖励、个性化服务、对内容的持续扩展。 管理员因素：集中于目标群体、根据访问量、满意度、成员数量对社区进行改进
Ho S H	领导者参与
孙居好	社群的目标与定位、成员交互与社群凝聚力、社群组织、基础架构
薛海波	网络中心性

---

① 宋树岩：《成员社会资本投入对虚拟社群绩效影响研究》，硕士学位论文，河南财经政法大学，2017年。

② 范双文：《基于凝聚力的虚拟社区绩效特征对社区绩效的影响研究》，硕士学位论文，浙江大学，2008年。

③ 王婷婷：《在线品牌社群中公民行为对社群绩效的影响研究》，《郑州轻工业大学学报》（社会科学版）2015年第2期。

续表

研究者	社群绩效影响因素
程忻	社区影响力、信息质量、导航功能、目标与定位、社区规则
宋树岩	成员社会资本投入
范双文	社区特征（社区成员参与、信息质量和社区管理）
王婷婷	公民行为

通过以上的文献梳理可以看出，关于虚拟社群绩效影响因素的研究研究者并未达成一致，而是表现出很强的多样性，这与虚拟社群本身的复杂性相关，它关涉心理学、社会学、经济学、传播学、信息技术等多个领域。总的来看可总结为社群运营与管理能力、社群成员之间关系质量、技术三个方面的因素。

同时，虽然各个研究者的研究结果未达成一致，但还是可以发现某些影响因素被多个研究者提及并得到了证实，如交互、信任、互惠、行为规范、共同目标、高质量的内容、社群管理、社会资本等。这说明，社群社会资本、成员所感知到的社群为其带来的价值对社群绩效具有影响作用，但现有的研究只是验证了社会资本、感知价值的某一个或若干个维度，缺乏全面、系统的考量。

2. 社群绩效的测量

Adler 和 Christopher A. J.[1] 认为社群绩效指标包括基本指标、忠诚指标和参与程度指标。基本指标包括从网站服务器记录文件中获得的读档次数、浏览页数、浏览人次、参与者数量等数据；忠诚指标用来衡量会员对社群依赖的程度。参与程度指标用来衡量会员互动的相关情况。Cothrel[2] 认为虚拟社群绩效包括投资回报率、社群健康程度和社群内部情况三个维度。Preece 和 Baltimo[3] 提出要从虚拟社

---

[1] Adler R. P., Christopher A. J., *Internet Community Primer*, MA: Adams Media Co., 1999.

[2] 转引自孙居好《社区成员视角的虚拟社区评价指标体系研究》，硕士学位论文，浙江大学，2006年。

[3] Preece J. et al., "Sociability and Usability in Online Communities: Determining and Measuring Success", *Behavior & Information Technology*, Vol. 20, No. 5, 2001.

群中的社会性和有用性来进行衡量。社会性包括社群的目的、社群的成员和社群的规则，有用性包括社群的信息设计以及导航窗口等。

Zboralski[1]、孙居好[2]主张从社群成员个体层次和社群整体层次对社群绩效进行衡量。个体层次包括成员的名声、社会资本和知识能力的增加，整体层次包括社群的适应性、丰富度。

以上学者们关于社群绩效测量的研究虽然为我们提供了诸多有价值的成果，但是早期的研究主要集中于 PC 互联网时代，而本书研究的背景是在移动互联网的技术背景之下，并且，正是由于移动互联网技术的发展，催生了社群经济的萌芽和发展，在这一新的技术背景之下对社群绩效需要重新进行审视。同时，早期的社群绩效考察指标较少从经济层面展开，忽略了社群在经济方面产生的收益。

三　相关研究评析

第一，从研究内容来看，关于网络社群参与行为影响因素、社群参与动机的研究资料颇为丰硕。学者大多从受众的视角，结合了动机理论、期望理论、社会资本理论和社会认知理论等展开较为深入的研究。这为我们研究社群经济情境下用户的参与行为提供了丰富的理论基础与研究成果。

但是，相对而言关于社群经济影响因素的研究文献较少，尚无法揭示出社群经济影响因素对其产生作用的机理。目前对于社群经济的研究，更多集中于实务领域，理论框架还不成熟，这一现实也凸显出了目前社群经济研究的缺憾，即多限于现象的讨论和总结而缺乏具有理论深度的探讨。一方面是因为社群经济作为一个新兴的领域，学者们对其尚未展开充分的研究；另一方面，依托于互联网而出现的社群经济处于一个动态发展之中，对其影响因素、作用机

---

[1] Zboralski K., Gemünden, "Trust, Cohesion, And Identification As Drivers of Cop Performance: The Moderating Effect of Knowledge Type", *World Scientific Book Chapters*, Vol. 20, No. 15, 2004.

[2] 孙居好：《社区成员视角的虚拟社区评价指标体系研究》，硕士学位论文，浙江大学，2006 年。

理的把握上存在客观的难度。

第二，在研究方法上，对于不同的议题，其研究方法各有侧重。对于社群参与动机的研究国内外研究者大多采用实证分析的方法，在对于社群经济的基础性研究方面，则以定性研究为主，实证的研究欠缺，这也导致一些观点和假设无法得到验证，无法形成有说服力的结论。

学者关于网络社群、社群经济的研究为我们的研究提供了丰富的成果，但仍然存在着一些缺憾，具体而言有：第一，对社群经济的理论研究还需加强。目前，对于社群经济的探讨多集中在"术"的讨论层面上，体现出一种实用主义倾向，基础层面的研究是缺失的。在未来，应该加强"理"的关注，如从社会学、营销学、传播学、管理学、经济学等相关理论出发，对社群经济的核心特征、发展逻辑、影响要素、影响机制等进行探究，以更好地指导社群经济的实践。

第二，从研究方法看，目前多采用单一的手法开展研究。定性的研究有利于理论的探究和发展，但也存在脱离实际的弊端。社群经济与市场、实务联系紧密，对于这部分的研究，未来应同时注重将定性研究与实证研究相结合。

第三，在研究视角上，不能仅限于单一学科角度探索社群，而应结合不同学科的特点，跨学科、多维度地研究社群。社群的内涵丰富，涉及社会学、传播学、心理学、营销学、经济学等多个领域，因而，对其的研究不应限于单一的维度，对于相应的议题应采取跨学科的研究视角，使得我们的研究更加科学、可取，更加贴近现实，具有更大的实践指导意义。

第五节　研究思路与研究方法

一　研究思路与框架

本书主要从社会学、营销学、管理学、经济学等多维视角对社群进行研究，在对社群经济的本质与核心特征进行研究的基础上，结合顾客感知价值理论、社会资本理论及其相关研究成果，构建了用户感知价值、社群社会资本对社群经济影响的理论模型，通过实证研究分析验证用户感知价值、社群社会资本对社群经济的影响，并基于实证研究的结果，总结出社群运营与管理的相关策略。研究框架如图1-2所示。

绪论	立足于研究背景，梳理研究现状，阐明研究目的与意义，确定研究思路与方法、研究内容与框架
基础研究	运用相关理论对社群经济的本质、核心特征、发展逻辑、商业模式等进行分析
框架构建	从顾客感知价值理论、社会资本理论等理论视角，构建用户感知价值、社群社会资本对社群经济影响的研究框架
研究设计	选择研究设计路径，交代研究背景与样本选择，进行数据采集与分析
研究发现	在理论分析框架的基础上，验证用户感知价值、社群社会资本对社群经济的影响及其内在作用机理
结论与展望	在实证研究结果的基础上，构建社群组织运营能力提升的可行路径并对社群经济未来的发展趋向进行预判

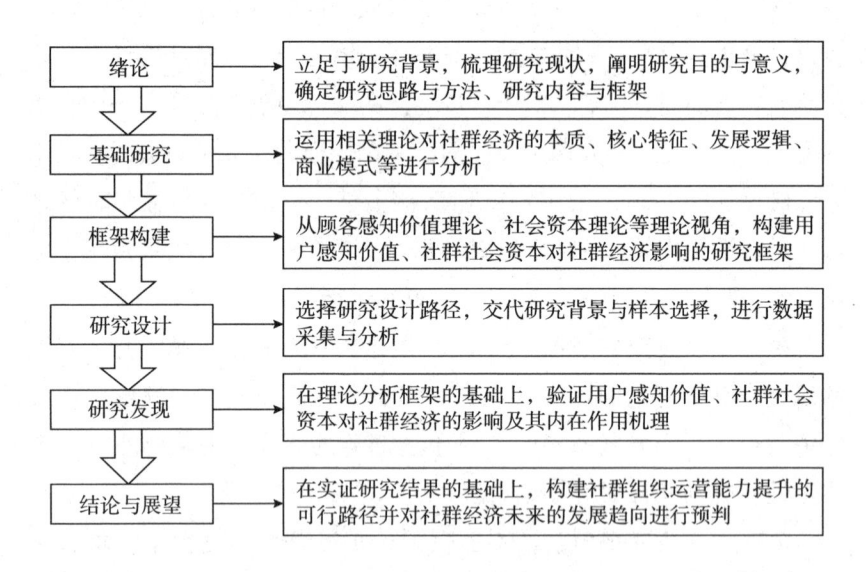

图1-2 本书研究框架

本书研究主体内容主要包含以下四个部分。

第一部分是本书的研究基础，主要体现在第一章、第二章，第一章主要对研究背景、研究意义进行阐述，对国内外研究现状进行综述，为本书的研究做铺垫。第二章是对社群经济本质、核心特征及发展逻辑的研究，这是本书研究的逻辑起点，从社群经济的本质、特征及发展逻辑的分析出发，提炼出用户感知价值、社群社会资本两个重要变量。

第二部分是本书研究的重点部分，主要呈现在第三章，在对社群经济本质与核心特征研究的基础之上，本章基于顾客感知价值理论、社会资本理论等理论基础,以及相关研究成果提出研究假设并构建用户感知价值、社群社会资本对社群经济影响的理论模型。

第三部分是本书的核心部分,主要呈现在第四章、第五章。在理论模型的基础上开展研究设计,并对研究数据进行分析,借助SPSS、AMOS等数理统计工具对理论模型进行验证。

第四部分是本书研究的结论部分。主要呈现在第六章、第七章。第六章在实证研究的基础上,得出研究结论与研究启示,总结、归纳出社群组织管理的要点、社群运营的策略,并对社群经济未来发展趋向进行预判。第七章是对研究的局限性进行总结与说明,以期指导后续研究的开展。

二 研究方法

(一) 实证分析法

在对社群经济本质与核心特征进行研究的基础上,结合顾客感知价值理论、社会资本理论等理论资源,构建用户感知价值、社群社会资本对社群经济影响的理论模型,然后通过问卷调查的方法,对社群成员展开调查,运用SPSS、AMOS等统计与分析工具对问卷数据进行统计与运算,通过数据分析的结果对理论模型进行客观的验证。

(二) 案例分析法

对社群经济商业模式、社群运营与管理策略的考量与探索部分重点采用案例分析法。结合实证验证的研究结果,选取有代表性的案例进行深入的分析和研究,以此来总结互联网时代社群运营与管理的要领和发展趋势。

第二章 社群经济的本质、特征及商业模式

本章主要对社群经济的内涵、本质进行探究，归纳、总结出社群经济的核心特征、社群经济发展的内在逻辑，同时对现有的社群经济商业模式进行分析，此部分的研究是后续研究的基础。

第一节 社群经济的本质

一 社群经济的内涵

传统社会学概念中的社群并不具备商业属性，无论是现实中的社区还是网络中的社群，它们构建与存在的目的并非是商业目的，而是用于日常的情感交流、分工协作，社群并未与商业交易结合，因而有社群，而无经济。

互联网技术的不断进步与社交平台的迅猛发展，带来了社群爆发式地增长，社群的商业价值逐渐凸显，为社群与商业化的结合带来了契机。首先是来自技术的驱动。4G技术带来了连接速度的加快，互动与分享不再仅仅局限于文字，用户体验得以提升。移动互联网使用户可以随时随地连接，互动彻底突破了时空的限制，极大地扩展了社群功能，产生了更为丰富的社交关系。在虚拟的社交网

第二章
社群经济的本质、特征及商业模式

络上,每个人都是一个节点,通过连接与互动,构建着个人的虚拟关系网络。其次,社交平台的迅猛发展推动了社群数量的急速增长。社交平台是社群得以创建、发展的土壤。综合型、垂直型社交平台的迅猛发展,满足用户多样化的社交需求。社交媒体的出现,极大地拓展了人们的人际交往圈,也加深了人与人之间的情感连接,人们在网络虚拟空间里抒发感怀、展现个性、交流兴趣并分享生活,志同道合者则可迅速集结,形成社群,如豆瓣兴趣小组、知乎、百度贴吧等。最后是网民参与的主动性增强。随着用户接触互联网的门槛越来越低,以及Web2.0技术的普及,为用户构建了一个参与表达、沟通分享的交互环境。用户可以将自己原创的内容通过互联网平台进行展示或者提供给其他用户,用户既是内容的生产者,也是分享的提供者。随着网络技术的发展,在线工具拉近了人与人之间的距离,促进了更多亲密的网络关系形成,共享、共创与协作在八小时的工作时间之外得以实现,大量的"认知盈余"得以聚合,形成了人类社会的宝贵财富。互联网平台的自由和开放极大地释放了人的交流欲望,集结了人的智慧,网民可以更多地参与信息、产品的创造、传播和分享,这也为社群的商业变现奠定了基础。

互联网技术的进步推动着社群的演变,移动互联网的发展促使社群功能不断延伸,社群价值得以凸显,社群的概念逐渐从社会学领域扩展到经济领域,引发了对社群经济、社群商业模式的讨论。社群的运营者开始思考如何从这一有着极大黏性的关系共同体中实现商业价值、构建商业模式,社群经济应运而生。

本书认为所谓社群经济,是指围绕着拥有共同兴趣、认知、价值观的用户共同体,提供给他们所需产品或服务,并通过社群内部的互动、交流、协作和相互影响,对产品和品牌产生价值反哺,从而实现盈利。社群变现是传统流量变现的更高层次。传统的流量变现实际上是一种"注意力经济",用户的注意力就是流量,通过贩卖或转化用户注意力实现商业价值,如腾讯、360、百度、淘宝都是先靠免费做流量，积累起庞大的用户，再通过广告、流量分发等方式实现变现。而社群的特性决定了社群具有比流量更强大、更持久、更稳定的变现能力。传统的流量变现模式中，用户是分散的，连接关系是单向的，无法形成价值反哺和自运转。而基于关系建构起来的社群因为有了持续的互动、共同的行为规范和价值观，则是一种多维的、双向的、协同共创的自运转系统，由此产生持久的、源源不断的价值。通过协作和共享极大地释放了用户的参与能力和热情，使得产品更加符合用户需求，并形成自发传播，由此带来了口碑和销售的双赢。如混沌大学，它相当于一个互联网上的商学院，聚集了数万个对其感兴趣的会员。通过支付1198元/年的学费，学员即可学习其研习社或商学院的在线课程。通过优质的课程内容、线上线下的互动将会员牢牢留在社群之内，由此实现盈利。

社群变现的驱动力来自价值创造，通过价值创造连接用户、黏住用户，让用户在产品消费和参与产品设计、生产的过程中产生巨大的情感满足和价值满足，这才是社群变现模式的根本。营销大师科特勒（Kotler）在《营销革命3.0》中提到社交时代的产品营销已经上升到价值驱动营销。营销3.0时代，即是以价值观为中心的时代，在这个时代，消费者被看作是一个具有独立思想和精神的个体，营销的主张要把功能和情感的差异升华至精神与价值观的共鸣，这一观点与社群时代的价值主张一致。

二 社群经济的本质：关系经济

（一）关系经济的概念界定

关系的内涵和外延极其宽泛，简单来讲，关系是人或事物之间相互作用、相互影响的状态。在人类社会的早期，人与人之间的关系主要是基于血缘、亲缘的自然关系。随着社会的不断发展与进步，社会关系网络日趋复杂，人的社会关系网络从自生型、情感型向建构型、工具型转型。① 人与人、人与组织之间的关系成为一种可资交换的资源进行经济交易，因为"熟人"之间的经济交易能够降低交易成本，提高经济效益。于是，便衍生出了关系经济，即以利益为中心、以关系为纽带的经济行为和交易。②

随着我国市场经济的发展和市场范围的扩大，越来越多的学者开始关注中国语境下的关系经济，并认为关系经济破坏了市场竞争的公平性，导致市场效率低下，资源配置不合理。然而，无论是以情感为主导的自然关系还是以工具性为主导的社会关系，关系本身应该是中性的，它对经济产生正面效应还是负面效应，应视关系构建的途径和目的来定。如果是靠非正当的方式来实现有违市场交易公平性的目的，那它就会对经济产生负面影响；如果是依靠诚信经营积累关系资本、参与市场公平竞争，那么它就会节省交易成本，提高经济效率。

社群经济中的关系突破了传统血缘、地缘、业缘等范畴，它的构建途径更加多元和丰富。从关系产生的途径来看，网络社群中的关系是基于兴趣的连接，通过互动沉淀、升华关系，甚至形成强关系体系，它的产生是社群运营者及其社群成员共同作用而形成的，因而它是公开的、透明的，不会造成交易的不公平，妨碍现代市场经济的发展。

（二）社群经济的本质是关系经济

对社群经济本质的探讨首先需从社群的本质说起。社群的本质是价值观共同体，是关系的集合体。从社会学的角度看，个体具有群聚的本能，并希望在群体中满足其各种需要，如爱与归属的需要、自尊的需要等。社群中的关系正是通过群体交流与互动而逐渐形成的人与人之间的情感关系。社群自古便已有之，如原始时期的

---

① ［美］彼德·布劳：《社会生活中的交换与权力》，孙非、张黎勤译，华夏出版社1987年版。

② 柴富城：《关系经济、契约经济、兼论我国第三产业发展》，《当代经济》2008年第1期。

部落、封建社会的宗族是血缘关系的集合体,现代城市社区是地缘关系的集合体。因血缘、地缘而形成的社群天然地便具有情感属性,人们在社群内进行分工协作或社会交往,增进情感关系。互联网的诞生和发展,扩大了人类交往的半径,网络中的个体因为具有相同的价值观、兴趣爱好而聚集起来,借由网络的连接进行互动和情感交流,生成了大量的新型社交关系。与传统的社群相比,网络社群的存在形式、连接方式发生了改变,但其作为社群的本质并未改变,仍然是情感关系的集合体。

虚拟社群是由网络空间中不同个体组成的社会关系网络,因而"关系"的经济价值以社会资本的形式表现出来。2009年,美国学者大卫·努尔(David Nour)亦在其《关系经济学》一书中研究如何把社会资本用于经济活动。"社会资本"的概念由布尔迪厄在1980年《社会资本随笔》中提出,随后以科尔曼、帕特南等为代表的社会学家进一步发展了社会资本理论,认为存在于社会成员之间的信任、网络、规范等也是一种可利用的资源,也可以作为一种生产要素进入生产领域,在现实的经济生活中发挥着不可忽视的作用。[①] 马克·格兰诺维特认为,一切经济行为都镶嵌在人际关系网络中,交易行为是在社会互动中做出的。社群关系是基于情感的连接关系,这种情感关系是社群信任产生的基础。传统社会,人与人接触最频繁的是自己的亲人和朋友,这是一种"强关系",同时,还存在着另一种更为广泛的"弱关系"。强关系维持着群体和组织内部的关系,弱关系则在群体、组织间建立联系纽带。移动网络和社会网络的融合,产生了大量的"弱关系",但通过兴趣相投、价值观相同的社群内部交往,"弱关系"可升华为"强关系",成员对社群及其成员产生情感依恋,甚至比现实中的人际关系更为亲密。当社群与成员、成员与成员之间的弱关系进阶为强关系,则意味着社群内部关系紧密,有很强的情感纽带,社群的信任体系也由此建

---

① 李东旭:《"社会资本"概念的缘起与界定》,《学术交流》2012年第8期。

立，这对社群经济中的交易行为有着重要的意义。

社群经济是以社群内积聚的大量的强、弱关系为基础、为纽带的经济行为和交易，因此，社群经济本质上就是关系经济。与传统商业模式相比，社群经济有着天然优势，就是社群及其社群成员之间的情感纽带和信任感。传统商业模式是先有产品，后考虑建立关系，这需要花费高昂的营销费用建立与消费者的熟悉感和情感关系。而社群本身就是关系的集合体，社群经济是先有关系，后有经济。当持续的互动建立了紧密的联系，当弱关系变为强关系，个体会因为对社群及社群其他成员的信任而愿意购买产品或参与社群活动。当一个社群形成了强烈的认同感和信任感，将情感关系商业化，社群的商业价值便得以实现。

第二节 社群经济的核心特征

社群经济的核心和基础都来源于社群，因而，研究社群经济的核心特征必须建立在对社群基本特征的了解之上。

一 网络社群的基本特征

社群属于社会学意义上的概念，按照社会学的观点来看，社会成员构成一个群体，应具备以下基本条件和特征：

一是具有相对稳定的群体结构。由于传统社群大多基于血缘、地缘关系而建立，这种基于自然关系而构建的社群关系结构较为稳定，属于强关系，成员不易流动。

二是有较为一致的行为准则和价值规范。社群成员通过长期的交往、交流逐渐形成了特有的群体意识，社群价值观逐渐确立，社群价值规范得以形成，社群凝聚力不断增强。

三是有持续的互动关系。持续互动是社群得以延续、发展的重要特征，在持续的日常交往中，社群成员相互交流、沟通，彼此的了解逐渐加深，情感关系得以建立。

四是具有一致行动的能力。通过持续的交往与协作，社群成员逐渐形成了分工协作的意识与能力，为了共同的目标，通过相互协作完成某项任务。如原始社会的部落，为了生存，部落中的人们通过合作捕杀猎物，维持生存。

基于互联网而产生的网络社群，决定了其必然带有互联网的特征与属性，在原有现实社群特征的基础之上还具备了新的特征：

一是互动的超时空性。互联网强大的连接能力让人与人之间产生了超越时空的互动关系。互联网克服了地理、时间的限制，突破了传统社区在血缘、地缘上的门槛，兴趣相投的人们得以自发地聚集，随时随地进行互动和交流。

二是匿名性。互联网上的身份具有匿名性，只需一个"用户名"，即可隐匿自我。正如我们每个人都有一个"网名"，这种匿名性在一定程度上解放了人们在现实生活中的身份枷锁，以更真实的态度在网上抒发感怀，结朋识友。从一定意义上说，网络的匿名性反而释放了真实的自我。

三是高度开放。互联网是高度开放的平台，网民可以按照自己的兴趣爱好和个人需求自由地选择加入何种社群。事实上，大多数网民拥有不止一个社群成员的身份，因为个人的需求往往是多样化的，个人通过加入不同的群体满足自身不同方面和层次的需要。当个体无法持续从一个社群获得价值和认同感时，他便会选择退出，转而寻找新的社群加入。因而网络社群若想留住用户，必须提供高价值的体验。

四是高互动性。城市水泥森林阻隔了现实中人与人的交往，如今的人们在现实中难以找到可以倾诉和交流的人，转而投向虚拟的网络社群。网络社群是志趣相投的集合体，大家更容易找到同类，形成情感共鸣。加之网络的匿名性，个体抛开了现实的身份和束缚，倾诉欲望和积极性更高。

二 社群经济的核心特征

社群经济是基于网络社群产生、发展而来的，因其产生基础的特殊性，体现出了与传统经济不一样的特征。

（一）情感性

与传统经济形态相比，社群经济价值的实现是建立在情感连接的基础之上的。用户基于共同的文化、价值观、兴趣爱好而聚集，通过互动交流形成了一个属于他们的"组织"，这个组织在某种程度上成了他们的情感归属地。他们之所以会互动、参与或者购买，是基于对社群成员以及社群组织的情感联系及信任。

对情感的需求是人类最基本的社会需求。伴随着互联网和社交媒体发展而来的，是个体意识的崛起和情感认同的强烈需求，马斯洛的需求层次理论认为，人类需求从低级到高级依次有生理的需求、安全的需求、爱与归属的需求、尊重的需求和自我实现的需求。当生理和安全需求满足后，就会渴望更高的情感与精神层次的需求。对孤独的恐惧天然地存在于人类的内心深处，当互联网的虚拟化生存越来越深地渗透进现实社会时，人们开始渴望在虚拟空间里寻找归属感，网络空间的自由与开放可以使人们根据个人的兴趣与需求在虚拟的网络社会中找到"组织"，并通过交流与创造获得群体认同和精神归属，实现自我价值。

情感连接是社群经济产生和发展的基础。社群从本质上来说是情感关系的集合体，社群经济产生的基础便是情感。网络中的个体通过互动交流产生了情感关系和情感体验，良好的情感体验形成了对社群的价值认同，同时，这一过程又构建了社群成员与社群更为紧密的情感联系，形成良性循环。当社群与成员变得紧密相连，社群成员便乐于奉献时间、智慧甚至金钱在社群的参与、协作、消费上，从而带来大量的价值创造，产生社群经济效应，为社群、社群经济的发展提供源源不断的动力。

情感性是社群经济较于传统经济的先天优势。在传统经济中，企业或商家需要花费大量的营销费用和营销活动来建立产品/品牌与消费者的联系，这种单向的、自上而下的信息传播方式不仅费时费力，而且有时营销效果并不尽如人意。而社群经济则不然，社群在成员聚合和形成的过程中天然地就已经建立起了情感关联，这种情感关联的产生，不是依赖于营销推广手段直接或间接的作用，而是来源于社群本身的日常互动和交流，对于社群成员而言，这种方式更显得纯洁和纯粹。这种亲近感、信任感是社群经济行为产生的前提。

（二）自组织性

自组织理论产生于20世纪60年代，主要探究复杂自组织系统的形成、发展机制等问题。从系统论的角度看，社群作为一个组织系统，网络社群中的个体在长期的互动中形成了一定的集体意识，每个人具备不同的知识背景和专业技能，这样，在共同的目标之下，通过超时空的网络链接，社群成员就能自发地分工协作，各展所长，完成既定的任务，并且可以不断演化出新的规则应对内部、外部环境的变化。

自组织性是社群经济的核心特征，亦是社群经济价值最大化的力量源泉。社群是一个平等的、去中心化的组织，这极大地激发了社群成员参与的积极性与群体智慧。一方面，网民受教育水平和知识能力的不断提升让社群成员具备了参与企业生产的能力和智慧，加之认知盈余所带来的参与式文化的兴盛，让个体有了在网络虚拟社会中展示个人才华获得认同的满足感。另一方面，社群通过长期的互动与交流，形成了一定的群体意识与社群规范，具备了一致行动的能力。用户可以通过协同、扩散参与到产品的生产、设计乃至营销传播中，参与价值共创。消费者的参与能让企业更准确地把握消费者的需求，满足消费者个性化需要，同时消费者的口碑传播有助于企业营销信息的传播和扩散，并吸引更多的消费者参与到企业的价值创造中。

（三）再生产性

再生产性是由自组织性衍生而来的。再生产就是不断反复进行的社会生产过程，在社群经济系统中，来自社群成员的主动参与和协作促进着社群价值生产的不断更新和不断重复。互联网是一个高度去中心化的网络，基于互联网而生长的网络社群必然具备去中心化的特性。社群组织的互动机制不是自上而下、一对多的直线传播，而是社群成员之间横向、交互的网状传播，强调的是去中心化。由于社群成员具备不同的知识背景、社会资源，在社群互动过程中信息、资源不断被激发、整合，通过社群内部的自组织性，社群成员协同进行价值的再创造和再生产，对社群进行价值反哺。

社群经济的自组织性与再生产性是相辅相成的。当社群发展到一定阶段，就能通过自组织实现自我运作，一个自组织的最佳状态应是统一、协作且高效的，只有在这一状态之下社群成员才能有效地参与到产品的设计、包装、生产、传播、销售等各个环节，最大化地发挥社群成员的主动性和创造性，通过高效协作，激发集体智慧，实现对社群的价值生产。因而，社群管理者要善于通过社群运营形成社群的自组织力，在社群创建之初便确立社群的价值观和共同目标，制定明确的社群规范，并通过持续互动维持活跃度，激发成员的参与度和创造力。

再生产性是社群经济区别于粉丝经济的重要特征。粉丝经济是指以偶像明星为中心的经济形态，而社群经济强调去中心化，是一种平等的关系，成员可以通过分工与协作实现社群的价值生产，对社群进行反哺。虽然社群经济在发展的初期具有粉丝经济的特征，但真正的社群经济必然是以人为中心的，最大限度地发挥社群成员的价值，通过社群成员之间的多向互动和资源交换，社群发展到一定程度便会实现自我运转，传播、分享、创造、协作在社群内不断发生，促进着产品或价值的再生产。

（四）范围经济

牛津学者詹姆斯·哈金在《小众行为学》[①]里预示了小众市场的来临，小众市场与社群"人以群分"的特性恰好吻合。社群是一群有着相同兴趣爱好或需求的个体的集合，每一个社群都有着其独

---

① [美] 詹姆斯·哈金：《小众行为学》，张家卫译，北京时代华文书局2015年版。

有的社群特征，因而，每一个社群的属性和需求都会有所不同。社群经济不是满足所有人的经济，而是满足社群内部成员的需求，围绕他们的需要来进行产品和价值的生产与创造，这必将与传统"标准化""规模化"的工业生产逻辑不一样。

在工业时代的产品生产，呈现出标准化、规模化特征，遵循的是"产品逻辑"。即先生产出产品，再寻找消费者，最终完成产品售卖。此时的产品生产模式是一种"商品—人"的 B2C 模式，其出发点和着眼点皆是"以产品为中心"。在产品导向模式之下，企业通过产品和技术的不断创新和升级来引导消费市场需求的爆发，满足尽可能多的消费者的需求，追求规模经济效应。在这种模式之下，在产品和技术上拥有领先优势的企业往往处在产业领域的主导地位。

随着互联网技术和社交网络的发展，社群的崛起与发展正在颠覆工业时代的产品逻辑。社群时代的去中心化，在很大程度上释放了人们的信息获取能力和参与空间，使社群成员能够参与到产品生产的各个环节，获得更大的话语权。这就迫使产品生产模式发生了逆转：原来"商品—人"的 B2C 模式转变为以用户驱动的"人—商品"的 C2B 模式。社群时代的产品生产需遵循"以用户为中心"的"用户逻辑"，从用户的使用需求出发，反向引导企业的技术创新和产品设计，将满足用户需求置于企业经营的最高追求。

与工业时代的规模经济不同，社群经济是一种范围经济，企业基于范围经济来满足社群用户的个性化需求，进行大规模定制和柔性生产。范围经济是一个企业同时生产多种产品形成的经济性，社群聚合了用户的多种需求，针对这一特定的用户群体，生产出多种产品满足用户所需，使用户在社群内即可完成所需的消费行为，实现社群商业闭环。随着社群的迅猛发展，社群的属性和种类越发多元化，小众化需求必将大行其道，推动着"大而全"的规模生产向"小而美"的定制化生产转型。

第三节 社群经济发展的内在逻辑

社群经济的发展是一个动态的过程，通过社群持续的运营，社群与用户关系不断升级，社群商业价值变现得以实现。社群经济的发展主要经历三个阶段：首先是社群形成的阶段，用户的聚合是社群经济发展的起点，也是社群经济产生的基础。其次是通过社群运营使社群内部情感——信任体系得以形成，这是社群价值变现最核心的环节。最后是社群价值的变现，主要通过社群内部成员的购买、口碑传播以及参与协作行为得以实现。社群经济的发展逻辑如图 2-1 所示。

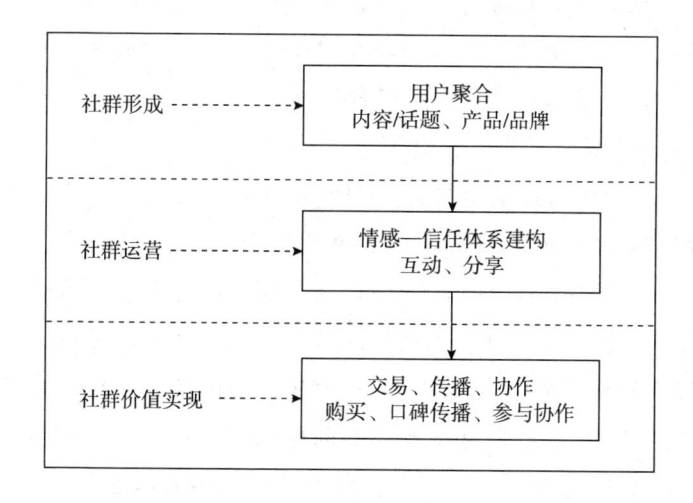

```
社群形成 --------> 用户聚合
                  内容/话题、产品/品牌
                         |
                         v
社群运营 --------> 情感—信任体系建构
                  互动、分享
                         |
                         v
社群价值实现 -----> 交易、传播、协作
                  购买、口碑传播、参与协作
```

图 2-1 社群经济的发展逻辑

一 社群经济发展的起点：用户聚合

社群经济是在社群的基础上衍生、发展而来的，因而社群经济的起点就在于社群的形成。社群是志同道合者的聚合体，社群在形成的过程中，连接是基础，内容是入口，互动是社群存续的必要

条件。

(一) 连接是社群形成的基础

互联网技术的不断升级和发展，解决了人与人之间的连接问题。互联网的诞生使得分散于世界各处的人们得以连接，是信息社会形成的基础。在网络时代以前，人们之间的关系建立在血缘、社会交往的基础之上，这种关系牢固但却有局限。此时的信息获取主要依赖于人际传播和大众媒体传播，往往受到地理、时间、人际交往范围等方面的限制，在关系的数量上、丰富性上显得不足，人与人之间的关系构成较为简单。数字的连接力冲破了人类交流的重重障碍和屏障，人们从之前封闭的个人世界里走出来，在全球性的网络大环境中结识陌生人，分享兴趣和经历，从而衍生出更为广泛、更为丰富的关系。尤其是社交媒体的出现，人们的社交半径得到了极大的延伸，也加深了人与人之间的情感连接，人们在网络虚拟空间里抒发感怀、展现个性、交流兴趣并分享生活，志同道合者则可迅速集结，个体逐渐从分散走向了聚合，形成社群。

(二) 内容是用户聚合的入口

在一个社群形成的过程中，内容是入口，有趣或有价值的内容才能吸引人们的眼球并引发情感共鸣。从互动仪式理论的视角来看，在涂尔干的宗教仪式研究中，认为在场的仪式参与者通过对共同的"神圣物"的关注而形成仪式效果。柯林斯的"共同的关注焦点"与涂尔干不谋而合。在一个社群中，共同的关注焦点可理解为社群内容或话题。社群互动产生的前提条件是社群成员的信息浏览行为，在其浏览信息的过程中，某个或某些内容吸引了其注意力，并带来了短暂的情感刺激，这种情感反应会延续到下一阶段的互动中去。

如果这种情感反应是积极的，则会产生正面的心理反应，当这种情感反应比较强烈时，便会产生分享与交流的欲望，即拥有了互动的欲望。因此，若要使得后续的互动行为实际产生，对于信息内容的质量就有了较高的要求，某一则优质的内容信息，会引发社群成员的全体注意，此时，社群便有了共同的关注焦点，这将促进情感分享与交流的行为产生。

（三）互动是社群存续的必要条件

社群互动是社群得以存续和升华的必要条件。社群的生命力和活力在于其内部的持续互动，没有互动和交流，社群内部成员的情感关系便无法建立。柯林斯指出互动仪式形成的起始条件之一是"人们将注意力集中在共同的对象或活动上，并通过相互传达而彼此知道了关注焦点"。[1] 社交媒体的强交互性使得基于其平台之上的社群满足了这一条件。与一般的社交平台用户不同，社群中用户的符号资本更为相当，其互动性更强，通过相互传达关注焦点，而彼此知道了关注的焦点。同时，社交媒体所具有的互动性特征为用户提供了对焦点进行讨论和评论的渠道，引发情感交流，共同的情感和体验得以分享，为仪式形成提供了另一个条件。但值得注意的是，虽然社群成员对于共同关注焦点的认可度和参与度更高，但这需要一个前提，即社群的内容信息必须是对社群成员有价值的、高质量的，且这种价值内容的提供需要源源不断，否则成员就会转而寻找更能符合其需要的组织，造成社群成员的流失。社群内成员的持续互动是产生社群情感的重要途径，深入而频繁的互动将有助于"弱关系"升华为"强关系"，使社群内的情感纽带更为坚实。

二 社群经济发展的核心：情感—信任体系构建

社群的形成只是基础，并不是所有的社群都能长久，也并非所有的社群都最终可以实现社群经济效益。在社群形成之后，考验的是社群运营者的运营能力。社群的存续和发展需要通过社群运营实现社群内部情感的升华，对前期的连接关系进行沉淀，形成情感—信任体系，这对于下一阶段的社群变现有着极其重要的意义。

（一）社群情感—信任体系的发展路径

社群情感—信任体系的构建是一个动态性、累积性的发展过程，

---

[1] ［美］兰德尔·柯林斯：《互动仪式链》，苏国勋译，商务印书馆2009年版，第86页。

一般遵循"技术连接—情感连接—情感依恋—情感—信任体系"的发展路径。

基于互联网而产生的技术连接使得现实情境中的人们得以冲破时空的限制，在虚拟的网络空间中与他人连接，但是技术产生的连接关系只是基础性的，连接关系的两端对彼此的了解有限、交流有限，因而这种连接关系比较脆弱，可能随时断开，也有可能延续和发展。

如果基于技术产生的连接关系得以延续，即被连接的个体产生了互动、交流，那么就进入情感连接的阶段。马斯洛需求层次理论指出，人们在获得了生理和安全感的满足后，便进入情感需求阶段。人类对孤独感存在着天生的恐惧，现代社会的人们在现实世界里找不到倾诉的入口，便会在网络上寻求同类，他们借助于互联网技术与他人得以联通，通过交流发现共同爱好。这种情感动机还会促进个体在群体中主动的互动行为，通过互动获得认同、支持，实现情感的满足。在这个阶段，网络用户在与他人持续的互动中不断加深了解，产生了情感共鸣，技术连接便进阶为情感连接，情感连接比技术连接更为稳定、牢固。

随着社群成员之间的交流频率、交流深度的不断提升，情感关系不断加深，情感依恋关系产生。Bowlby认为，依恋是"个体与具有特殊意义的他人形成牢固情感纽带的倾向"[①]。依恋的产生能够为个体提供安全感和安慰，通过依恋他人我们不再是一个孤单的个体，而是一个融入了集体的社会人。情感依恋的产生将促使社群成员主动地、积极地进行互动，以融入群体满足自身的情感需要，这对于社群的持续互动和生命力延续有着重要意义。

当社群成员对社群产生了情感依恋，他们便会持续地、积极地构建与其他成员以及社群之间的情感关系，社群内部情感关系日益

---

① Bowlby J.，"Attachment and Loss"，*Educational Psychology in Practice*，Vol.30，No.14，1980.

亲密，社群信任产生。社群成员原本属于陌生关系，随着成员之间交流的深入，彼此了解加深，逐渐由陌生人关系发展成为"半熟人关系"抑或"熟人关系"，当社群成员彼此熟悉、熟知，同时具有情感依恋时，社群信任产生，社群信任包括成员与成员之间的信任以及成员对社群组织的信任，这是构成社群社会资本的核心要素。在心理学中信任是一种稳定的信念，维系着社会共享价值和稳定，是个体对他人话语、承诺可信赖的整体期望。社群信任表现为社群成员对其他成员及其组织的言论、行为的信赖，具体而言，他更容易相信社群内部成员的推荐和评论，并影响其实际的购买、参与行为；更愿意接受和信任社群组织推出的产品或服务。在商业领域，信任是交易的前提，因而，社群情感—信任体系的形成对社群价值变现有着重要的作用。

通过对社群情感—信任体系构建过程的梳理我们可以发现，持续互动是其深化和发展的根本。如何保持社群的持续互动，并在这个基础上引导社群向积极的方向发展，考验着社群运营者的运营与组织管理能力。如何提高互动质量、保持社群的活跃度、如何吸粉、留粉、如何增强社群凝聚力、如何发挥社群自组织性……这些都是社群运营过程中的关键问题。

（二）情感—信任体系：积极的社群认同

群体性是人类最基本的社会属性，置于群体中的个体总是希望通过日常交往和互动获取群体归属感与认同感。网络社群与现实的人类社群虽然在聚合的平台和方式上存在差异，但其形成的内在动机与存续动力并无二致，对认同感的追求是个体存在和融入群体之中的驱动力。从古至今，人类通过部落、宗族、族群、社区等方式集结在一起，进行社会交往。随着现实空间向网络空间延伸，人类又以网络社群这一新的方式聚合在一起。在技术的冲击之下，人类的生活和生存方式发生了翻天覆地的变化，但是人性的基本需求并未被改变，网络社群虽然在形式上与现实的群体组织有区别，但人们渴望通过社会交往获得积极的社会认同的需求依然存在。获取社会认同，完成自我构建成了网络时代个体选择融入社群组织的重要动机。个体出于个人的情感需要选择加入并融入某一群体之中，在这个过程中完成对自我的认知，以获取积极的自我评价。

社群认同对于社群经济是有价值的，社群认同将促成社群用户的积极行为。社会认同理论认为社群成员在群际比较的过程中将表现出一定的内群体偏好。通过积极区分，社群成员对群体身份的认同进一步加深，群体的身份得到强化，对社群的认同度和忠诚度更高。虽然社群成员会形成一定的内群体偏好，但并非绝对从一而终，社群还需持续不断地进行价值提供，形成对社群成员持久的吸引力，维持社群的生命力和活力。

三 社群的价值实现与价值反哺：交易、传播、协作

当社群发展到成熟阶段，社群内的情感—信任体系形成，便可尝试进行社群的商业变现，实现社群商业价值。社群经济是围绕特定的一群人，提供满足其需要的产品或服务，通过成员的参与、传播和创造进行价值共创与价值反哺，从而实现盈利。从这个意义上来说，社群商业价值的实现最直接的途径便是社群成员的购买行为，同时，社群成员通过口碑传播、参与协作对社群进行价值反哺，实现社群经济的良性循环。

（一）用户消费：社群价值实现的直接途径

社群用户的消费行为是社群利润的直接来源，也是主要来源。无论社群所提供的产品是有形的产品还是无形的内容或服务，成员最终的消费埋单才是社群经济价值实现的根本。虽然有的社群成立的初衷并非为了商业目的，如兴趣型、关系型社群，但因其在发展过程中成员关系日渐紧密，用户黏性日益增强，便具备了社群商业变现的基础，商业价值得以凸显，社群运营者便开始思考如何针对这样一群特定的用户提供满足其需要的产品。而对于产品型社群或者品牌社群来说，其成立之初便具有了商业目的，即通过社群关系的建构，增强社群成员对产品、品牌的信任感，以最终促成购买。

消费者的购买行为是由价值驱动的，消费者之所以会购买某一

个产品是因为产品能带给他价值感。在传统的工业时代,企业的产品生产注重的是对消费者功能性需求的满足,通过标准化的生产实现规模效应。而到了互联网时代,消费者的需求变得更为多样化,从纯粹只求功能到开始注重产品所附带的情感、价值观等附加因素。功能成为标配,情感成为强需。① 这意味着,如今的产品生产不仅要在产品的基础功能、质量上进行提升,同时,还要注重在产品中注入更多的情感与体验价值。对于社群经济而言,社群在形成、发展的过程中逐步建立起了与成员的情感连接,这是社群经济的天然优势,除了提供可靠、优质的产品以外,社群的运营者要在社群创建与发展的过程中不断强化社群的文化与价值观,让社群成员对产品产生功能与情感的双重满足,激发成员的购买欲望。

(二)口碑传播与参与协作:社群价值共创与价值反哺

社群价值实现的另一途径则是来自社群成员的参与行为,包括口碑传播与参与协作。

首先,口碑传播。传统媒体时代,用户的口碑传播在深度和广度上都极其有限,但到了互联网时代,用户的口碑传播将产生巨大的影响力。社群时代的品牌,是用户主导的口碑品牌,而不是厂商主导的广告品牌。媒体不再是信息唯一的生产者和传播者,原来作为信息接受者的用户成为信息的中心。用户不再只是传播的终点,而是信息传播网络中的一个节点,用户既接受着来自各方的信息,同时也在制造和传播信息。企业和品牌商不再像以往那样操控着传播资源和信息生产,由品牌主导消费行为的时代正在远去,传统的自上而下的品牌塑造方式受到了用户自我意识觉醒的强大挑战。互联网时代的品牌,就是一个个用户评价的产物,是一次次互动中完成的体验。在这种背景之下,品牌想要得到用户的认同,最好的办法就是让用户参与品牌塑造的全过程,与用户形成良性互动,由用户自发地、主动地助力品牌传播,使营销效果得到最大程度的

---

① 李善友:《产品型社群》,机械工业出版社 2015 年版,第 231 页。

释放。

其次,参与协作。随着参与式消费时代的来临,新时代的用户越来越希望能够参与到产品的研发和设计之中,以使企业生产出的产品更好地满足自身的需求。过去的企业产品决策权来自产品经理和企业管理者,而如今,这种权力发生了转移,用户掌握着产品的生杀大权。如果企业没有注意到这种改变,那么将极有可能面临失败的风险。借助于社交网络和大数据技术,企业获取了大量的用户反馈和数据,这些数据即代表着用户的需求,企业应对这些数据进行分析,辅助商业决策和产品设计。如今,由产品最活跃的使用者所推动的"领先用户创新"正在颠覆传统的"公司中心型创新"。比如,小米社群通过让社群成员参与到产品的设计、生产和传播的各个环节,通过协作和共享极大地释放了用户的参与能力和热情,使得产品更加符合用户需求,并形成自发传播,由此带来了口碑和销售的双赢。

社群时代,社群与用户之间的关系是一种协同式的伙伴关系。社群运营者要注重与用户群体关系的建构,改变过去高高在上的高冷面孔,以平等、尊重的态度去面对用户,达成友好关系。相对地,用户也会报以其热情和智慧,通过共享与协作,结成伙伴式的信任关系,为产品背书,促进社群发展。

第四节 社群经济的商业模式

在社群经济发展的过程中,商业模式是社群实现价值变现的重要议题,关系着社群经济效益与社群经济的可持续发展。社群经济形态既有着网络经济的一般性特征,也有着在用户、组织层面的特殊性,社群商业模式的选择要切合社群的特征,有别于传统的商业变现手段。

一 社群经济的一般商业模式

由于社群经济尚处在初级发展阶段，不同的社群由于自身资源和属性的不同，发展出了不同的变现方式，目前社群经济的一般商业模式如图2-2所示。

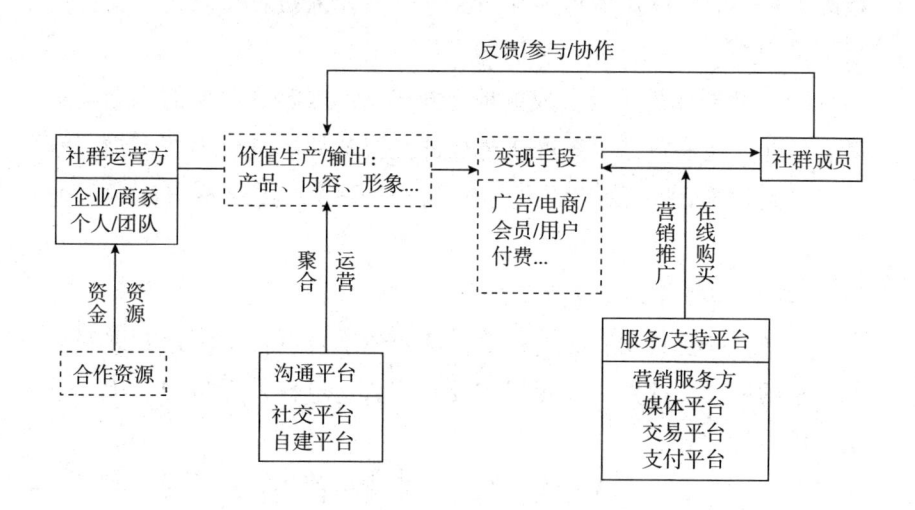

图 2-2 社群经济的一般商业模式

（一）社群经济产业链的构成主体

社群经济的构成主体主要有社群运营方、社交沟通平台、服务支持平台和社群成员。每个主体担任着不同的角色，共同构建了社群经济的产业链条。

（1）社群运营方：既可能是企业/商家（如品牌社群、产品社群），也可能是明星、网红等自媒体团队。他们是社群的创建者、日常运营者，也是产品/内容/服务的提供者。社群在运营的过程中，运营方持续进行价值生产和输出，提供优质的内容、产品或者品牌形象，一方面为留住成员，增强社群黏性，另一方面可满足成员实际需要。随后，通过植入广告、销售商品、征收会员费、用户付费等方式实现变现。

（2）社交沟通平台：为社群运营方创建社群和日常运营提供阵

地，如微信公众号、微信群、QQ 群、微博及自建平台等。

（3）服务支持平台：主要包括营销服务方与支付交易平台。在社群经济的发展过程中，可借助营销服务公司的营销激励吸引新用户加入，或者通过推广活动刺激社群成员购买社群内容/产品。社群经济交易的完成还需依靠支付交易平台，通过在线支付，支持完成消费行为。

（4）社群成员：社群成员是社群产品、内容或服务的直接购买者，另外，在消费之后还可通过社群交流和评价进行消费反馈，亦可参与到社群内容和产品的生产、设计环节，共同参与社群价值生产。

(二) 社群商业变现的主要手段

社群经济在其发展的过程中，其变现手段也在不断地发展和创新。总的来看，社群变现手段主要有广告、电商、会员费、用户付费、用户打赏等。

（1）广告：当一个社群聚集了一定规模的用户时，便具有了广告的价值。同时，社群的情感属性和信任体系使得其广告信息的接受度和信任度更高，传播效果更好，因而受到了品牌商家的青睐。如罗辑思维的广告方式就是合作商赞助，由赞助商提供物品作为给会员的礼物，如乐视电视机、小狗吸尘器、京东、乐蜂网等。不同于传统的广告投放方式，社群广告植入必须符合社群特性，将广告与社群内容巧妙融合、深度植入才能避免反感或者被无视。

（2）电商：是指通过销售商品的方式实现变现，社群运营方提供与社群属性或价值定位相关的有形产品，在社群互动中推荐商品、销售商品。如吴晓波频道的"吴酒"就是依靠其人格魅力体创造的一款产品，成员出于对其个人的崇拜和信任而愿意购买，再如罗辑思维的书籍订购，老罗会在罗辑思维的节目中推荐书籍，会员认同他的评价和推荐，便会进行购买。

（3）会员费：建立会员制，通过直接收取会员费实现变现。最典型的就是罗辑思维，加入罗辑思维需要缴纳相应的会员年费，铁杆会员会员价1200元，普通会员会员价200元。四个月内两次招募付费会员，入账会员费近千万元。这种方式需要社群有持续的价值输出，为会员提供较高的附加值。

（4）用户付费：提供高价值的内容产品，用户通过付费的形式才能获得。如订阅专栏、培训课程、演讲等。例如"得到"App的订阅专栏就是提供一些更有价值的内容，如果用户想得到这些内容，就需要支付一定的订阅费。颠覆式创新研习社的课程培训就需要会员缴纳一定的费用才可以加入学习。这就要求社群必须提供有价值的内容产品，让用户觉得物超所值，才能促使他们产生持续付费的动力。

（5）用户打赏：用户对于内容原创者的一种激励和奖赏。打赏是一种新兴的付费方式，其主要特征为非强制性，主要基于用户的自愿行为，是用户对于社群所发布的内容的一种认可。如果社群所发布的原创内容，如文章、视频、音乐、图片等用户觉得喜欢，就会给予一笔费用不等的赏金。

现实中的社群盈利手段并非是单一手段，大多数发展成熟，盈利良好的社群往往将多种盈利模式相结合，如"吴晓波频道"的盈利模式就包含了广告、内容付费、电商等，凭借着其个人人格魅力、优质的内容、持续的互动将会员牢牢留在社群之内，由此实现盈利。

二 社群经济现有商业模式中的问题

（一）盈利模式单一，影响社群经济效益

目前，大多数社群的盈利主要来自广告、电商、会员费和用户付费。不同的社群根据自身的产品、内容、属性以及受众的不同选择上述盈利模式中的一种，少数兼有多种。从总体来看，社群盈利模式较为单一，存在一定的风险。

盈利模式的单一首先会影响社群经济效益。比如广告，由于用户对于广告有自动的屏蔽和厌恶的心理，过多广告信息会影响用户的社群体验，因而广告的投放不能无限制，这就会影响社群的经济效益,同时,一旦社群运营不当,用户流失,社群广告价值将降低,因而,广告不宜长期作为社群的主要收入来源。再比如用户付费,这一盈利模式与用户互联网使用习惯存在冲突。长期以来,中国互联网主要是以免费的方式获得流量,这也造成了用户对于"免费"的接受习惯。用户付费对于长期习惯了"免费"的互联网用户来说难以接受,他们可能会转而寻找其他免费的内容。

其次,单一的盈利模式存在一定的营收风险。一旦盈利来源出现问题,无疑意味着社群被切断了血液供给,影响到社群的生存。单纯依赖广告收入的社群,一旦广告主流失掉,便会导致社群丧失主要收入来源。单纯依靠电商营收的社群,一旦产品吸引力不再、用户市场饱和、产品销量下降,也会导致社群丧失主要收入来源。因此,作为社群的运营者应思考如何拓宽盈利来源,降低社群经营风险。

(二)社群的商业化与社群价值的冲突

用户加入社群的初衷大多是基于情感交流的需要,当社群商业化后,基于"逐利"的本性,社群运营者在商业化的"度"和"量"存在与用户认知的失衡。社群的个人与社会、情趣与价值相统一的导向与经济的运行和利益导向还未有机融合。①

一方面,社群的商业化会影响交流体验。为了实现商业价值,社群互动中不可避免会含有对社群产品或广告赞助商的推销内容,商业化信息会影响用户体验。如今的用户对于广告信息越来越敏感,能够敏锐地察觉出推销的味道,虽然现在广告信息做得越来越"原生",也能够实现智能化的推送,但仍无法洞悉用户即刻和微妙的心理变化,使用户产生厌烦心理,影响社群体验。

另一方面,商业化还会影响成员对社群的价值判断。对于大多数用户而言,加入社群是基于期望情感交流或学习知识等目的,商

---

① 胡征宇:《以社群经济推进社会与市场的有机对接》,《浙江社会科学》2016年第2期。

业信息的充斥会阻碍用户之间情感交流，会让用户感觉社群交流不再单纯和纯粹，都是基于商业的目的，进而对社群价值产生怀疑。社群的本质是价值观共同体，用户对于社群的追随是始于对价值观的认同，当用户认为社群的价值观已经发生偏离，变得功利和世俗时，便可能会与社群"分道扬镳"。

（三）产品/内容创新与持续价值提供能力的薄弱

商业模式解决的是企业如何通过价值创造来满足用户的价值需求，因而，社群商业模式的建构首先需要思考的是社群带给其成员的核心价值是什么。对于社群经济而言，就是要提供给用户有价值的产品或内容，满足用户的需求。从目前的情况来看，存在着产品/内容缺乏创新，社群无法产生持续价值提供的问题，导致社群经济发展后劲不足。

（1）产品/内容创新的问题。在初期，社群通过其独特的产品或内容让用户眼前一亮，但任何事物都有一个新鲜期，当新鲜感不再，原先的产品/内容就变得乏味，无法形成持久的吸引力。同时，用户的需求是不断变化的，一成不变的产品是难以满足用户的需求的，这就需要产品/内容的不断创新，要迎合甚至能引导用户的需求。从社群经济发展现状来看，大部分社群都面临着创新不足和创新难的问题，这也成为掣肘社群经济发展的痛点所在。

（2）社群价值持续提供的问题。成功的商业模式要能提供独特价值，社群产品或内容必须具备较高的价值，只有物超所值，用户才会埋单消费，这一独特价值往往是企业核心竞争力之所在。但同时，还必须能持续提供独特价值，商业模式才能存续，也就是说要不断完善企业的核心竞争力，提高同行竞争准入门槛，才能保持商业模式的领先性。

（四）商业价值开发程度低，用户价值未被完全开发

在目前社群经济商业模式中，用户的主导地位被忽视，商业价值开发局限在浅层次，还是以运营商为主导。社群商业价值真正的深层次开发是让用户充分自主，通过社群的自组织、自我运转，产

生源源不断的价值创造。

阿尔文·托夫勒提出了产消者（Prosumer）的概念，①意即既是消费者（Consumer），又是生产者（Producer）。在互联网时代，借助于社交网络平台，用户的意见和反馈变得更有分量和影响力，企业的产品和服务质量也变得更加公开和透明，这一切，为用户参与产品创造提供了前所未有的便利条件。互联网时代的消费者不再是产品的被动接受者，而是新产品生产者，消费者已经从企业价值链的底端走到了最前端，企业与消费者之间建立起了一种全新的、平等的伙伴关系。"一些最了不起的产品正是出自用户之手。"②消费者通过网络渠道表达自身的需求，积极贡献个人的经验和智慧，充分发挥自身的创造力，为企业更好地完善产品，开发新品献计献策，而正因为消费者参与了产品的创造，他们更容易从产品的消费中获得满足感和成就感。社群是一个高度互动和活跃的用户聚合体，通过长期的互动与交流，社群完全具备了自组织传播、协作和创造的能力。

但从现状来看，大多数社群并未充分发掘出用户的价值，群体智慧、群体协作的巨大潜能并未被有效利用，还是以社群运营方为主导。用户不应只是产品的用户，更可以通过自组织和协作参与到产品研发、营销、传播、服务各个环节之中。

第五节　本章小结

本章主要对社群经济的本质与核心特征进行探究，这是本书研究的基础，也为后续的研究做好了铺垫。本书认为，社群经济是指围绕着拥有共同兴趣、认知、价值观的用户共同体，提供给他们所

---

① ［美］阿尔文·托夫勒：《第三次浪潮》，黄明坚译，中信出版社2006年版。
② ［美］凯文·凯利：《新经济，新规则：网络经济的十种策略》，刘仲涛译，电子工业出版社2014年版。

需的产品或服务,并通过社群内部的互动、交流、协作和相互影响,对产品和品牌产生价值反哺,从而实现盈利。社群经济是以社群内积聚的大量的强、弱关系为基础、为纽带的经济行为和交易,因而,社群经济本质上是关系经济。与传统经济形态不同,社群经济呈现出情感性、自组织性、再生产性、范围经济等特征。社群经济发展的内在逻辑起点是用户的聚合,其核心是情感—信任体系构建,其商业价值的最终实现来自社群成员的交易、传播与协作行为。首先,是用户的聚合,社群经济是在社群的基础上衍生、发展而来的,因而社群经济的起点就在于社群的形成。社群在形成的过程中,连接是社群形成的基础,内容是用户聚合的入口,互动是社群存续的必要条件。其次,是情感—信任体系构建,社群情感—信任体系的构建是一个动态性、累积性的发展过程,一般遵循"技术连接——情感连接——情感依恋——情感—信任体系"的发展路径。最后,是社群的价值变现,用户消费是社群价值实现的直接途径,口碑传播与参与协作对社群价值共创与价值反哺具有重要意义。社群经济商业模式是社群经济发展过程中的重要议题,基于社群经济的发展现状,本章梳理了社群经济的一般商业模式,社群经济的构成主体主要有社群运营方、社交沟通平台、服务支持平台和社群成员。社群变现手段主要有广告、电商、会员费、用户付费、用户打赏等。但目前社群商业模式中还存在着盈利模式单一、社群的商业化与社群价值冲突、产品/内容创新与持续价值提供能力薄弱、商业价值开发程度低、用户价值未被完全开发等问题。

通过本章对社群经济的本质、核心特征等方面的分析我们可以发现,在社群经济产生与发展的过程中社群用户的感知价值、社群社会资本可能会对社群经济产生影响:其一,社群成员是社群的基本构成单位,社群经济就是围绕这些特定的社群成员提供满足其需求的内容或产品,促成其消费,从而实现盈利。社群所提供的价值是社群成员选择继续留存在社群乃至产生消费等行为的重要动因。社群需要生产、创造价值,只有让成员感知到了社群的价值,才会促使其消费，以及传播、参与行为的产生，最终实现社群经济效益。因而，社群成员的感知价值会对社群经济产生影响。其二，社群是一个虚拟的社会关系网络，社会资本从形式上看就是社会网络（Bourdieu，1985），是嵌入在两个或更多的参与者之间的关系结构。[1] 社群经济的本质就是关系经济，在社群经济中，"关系"的经济价值是以社会资本的形式表现出来的。每一个社群成员就是社群关系网络中的一个节点，节点与节点之间的互动，构成了社群关系网络的结构与质量，即社群社会资本。社群的互动关系、社群成员之间的信任与承诺、共同语言、共同愿景等要素反映着社群社会资本的多寡，进而对社群绩效产生影响。由此，本书提炼出了用户感知价值、社群社会资本两个影响因素，并将结合顾客感知价值理论、社会资本理论及其相关研究成果，提出研究假设，构建用户感知价值、社群社会资本对社群经济影响的理论模型，通过实证数据验证用户感知价值、社群社会资本对社群经济的影响及其作用机理。

---

[1] 转引自汪轶《知识型团队中成员社会资本对知识分享效果作用机制研究》，博士学位论文，浙江大学，2008年。

第三章 研究假设与理论模型

本章基于社会资本理论、顾客感知价值理论等理论，通过对相关研究的回顾提出本书的研究假设，并提出用户感知价值、社群社会资本对社群经济影响的理论模型，以揭示出用户感知价值、社群社会资本对社群经济影响的作用机理。

第一节 变量的界定与阐释

一 用户感知价值

本书认为用户感知价值即是社群成员所能感知到的利得与其所付出的成本进行权衡，得到的对社群及其产品或服务效用的整体性评价。

结合 Sweeny 和 Soutar[①] 对顾客感知价值的维度划分，并基于社群经济的特点，本书研究认为社群用户感知价值包括功能价值、价格价值、体验价值和社会价值。其中，功能价值是指社群用户从社群产品感知质量和期望的比较中所得到的效用；价格价值是指感知成本的降低给用户带来的效用；体验价值是指社群成员从产品消费的感觉和社群互动的情感状态中所得到的效用；社会价值是指产品

[①] Sweeny J. C., Soutar G. N., "Consumer Perceived Value: The Development of a Multipleitem Scale", *Journal of Retailing*, Vol. 77, No. 2, 2001.

提高社会自我概念和形象给社群用户带来的效用。

二 社群社会资本

本书对社群社会资本的定义主要源自格兰诺维特"嵌入性"的观点,本书认为社群社会资本是嵌于社群之中的网络关系,能够为社群成员及社群整体带来实际或潜在利益的资源总和,包括结构性、关系性和认知性三个维度。结构维度反映的是社群成员之间的网络关系和网络结构。关系维度是指社群成员在社群网络中相互交流而形成的关系法则和社会信任。认知维度是指被群体成员所共享、能够展现、表达群体意义的资源。

三 用户满意

大部分学者认为顾客满意是顾客在对某一特定消费过程中所形成的愉悦或失望的感觉状态。Oliver 和 Linda(1981)认为顾客满意是"一种心理状态,是根据消费经验所形成的期望与消费经历一致时而产生的一种情感状态"。菲利普·科特勒将顾客满意定义为"一个人通过对一种产品的可感知效果(或结果)与他或她的期望值相比较后所形成的愉悦或失望的感觉状态"[1]。本书将用户满意定义为社群成员在参与社群活动过程中对社群及其产品或服务的总体性评估。在这里,社群活动包括日常的互动交流、消费、参与协作等内容,它们构成了社群经济活动的日常,社群成员在参与这些活动的过程中不断进行评估,从而形成对于社群的总体评价,这种评价来自社群成员对社群及其产品的实际使用效用与其预期的比较,当达到或超过预期,用户满意便会产生。

四 社群认同

社会认同理论的创建者亨利·泰弗尔(Henri Tajfel,1978)将社会认同定义为:"个体认识到他(或她)属于特定的社会群体,同时也认识到作为群体成员带给他的情感和价值意义。"[2] 社会认同

---

[1] [美]菲利普·科特勒:《营销管理》,卢泰宏译,中国人民大学出版社2001年版,第45页。

[2] 转引自张莹瑞、佐斌《社会认同理论及其发展》,《心理科学进展》2006年第3期。

是由于个体认同某一群体而产生的有关"属于某一群体"的感知。借鉴 Algesheimer① 等对品牌社群认同概念的界定,本书将社群认同定义为:社群成员将自己视为社群的一部分,认可社群的文化、价值观、目标和规范,它反映了社群成员与其他社群成员以及社群整体的关系强度。

五 社群涉入度

"涉入"一词最早源自美国学者 Cantril 和 Sherif 的"自我涉入"②。目前学术界对于涉入度的定义尚未达成一致,但以 Zaichkowsky 和 Rothschild 所做的定义最为广泛接受。Zaichkowsky 认为涉入是人们基于内在需求、价值观和兴趣而感知到的与某个事物的内在相关度;③ Rothschild 认为涉入代表的是个人与某件事物的相关程度。④ 因此国内学者普遍认为消费者对某一客体的涉入水平取决于产品与个体之间的感知相关。基于本书研究的需要,本书将社群作为社群成员涉入的客体,社群涉入度即是社群成员基于自身内在需要而感知到的与社群的相关程度。

六 社群绩效

本书研究选取社群绩效作为对社群经济考量的核心指标。"绩效"的含义较为广泛,目前主要有三种观点:一是以 Campbell 为代表的"绩效是行为"的观点。"它只包括与组织目标有关的行动或行为。"⑤ 二是以 Bernardin 为代表的"绩效是结果"的观点。绩效

---

① Algesheimer R., et al., "The Social Influence of Brand Community: Evidence from European Car Clubs", *Journal of Marketing*, Vol. 69, No. 3, 2005.

② 转引自韩兆林《涉入理论及其在消费者行为研究中的运用》,《外国经济与管理》1997 年第 1 期。

③ Zaichkowsky J. L., "Measuring the Involvement Construct", *Journal of Consumer Research*, Vol. 12, No. 3, 1985.

④ Rothschild M. L., "Perspectives in Involvement: Current Problems and Future Directions", *Advances in Consumer Research*, Vol. 11, No. 4, 1984.

⑤ Campbell J. P., et al., *A Theory of Perfomance*, San Francisco: Jose Bass Publishers, 1993.

就是对在固定时间段和工作活动中结果的记录。① 三是以 Brumbrach② 为代表的"绩效是行为和结果"的观点,他认为行为不仅是结果的工具,行为本身也是结果。

基于 Campbell 对绩效的定义,并结合社群经济的特点,本书认为:社群绩效是社群成员在社群活动中的消费、传播、协作等行为。这些行为对社群经济效益产生积极影响,为社群带来经济效果或收益。在前文的研究中我们发现,社群作为一种虚拟的网络组织,其内部成员的行为亦属于一种自发、自愿的行为,一方面社群成员的互动提升了社群组织的社会资本,另一方面社群成员的消费、传播、协作为社群带来了经济效益。对社群而言,社群成员对社群的态度和购买等行为,是社群经济建立的目的和意义所在。

关于社群绩效的构成维度,基于本研究的需要,本书对社群绩效的构成维度与测量维度更偏向社群成员的经济性行为。在前文的研究中我们发现,社群成员的消费行为是社群价值实现的直接途径,口碑传播与参与协作行为是社群与组织成员之间的价值共创与价值反哺。这些行为都将为社群带来实际的经济效果和贡献度,如社群经济业绩、社群品牌资产的提升等。因而,本文将社群用户的消费行为、口碑传播、参与协作行为作为社群经济绩效的三个测量维度,并据此开发社群绩效的测量量表。

第二节 理论基础与研究假设

一 顾客感知价值理论及其相关研究

Zaithaml 首先从顾客角度提出了顾客感知价值理论。她认为顾客感知价值是顾客所能感知到的利得与其所付出的成本进行权衡后

---

① Bernardin H. J., et al., *Perfomance Appraisal Design, Development and Implementation*, MA: Blackwell, 1995.

② Brumbrach, *Performance Management*, London: The Cromwell Press, 1988.

对产品（或服务）效用的整体评价，并构建了顾客感知价值的模型，如图3-1所示。

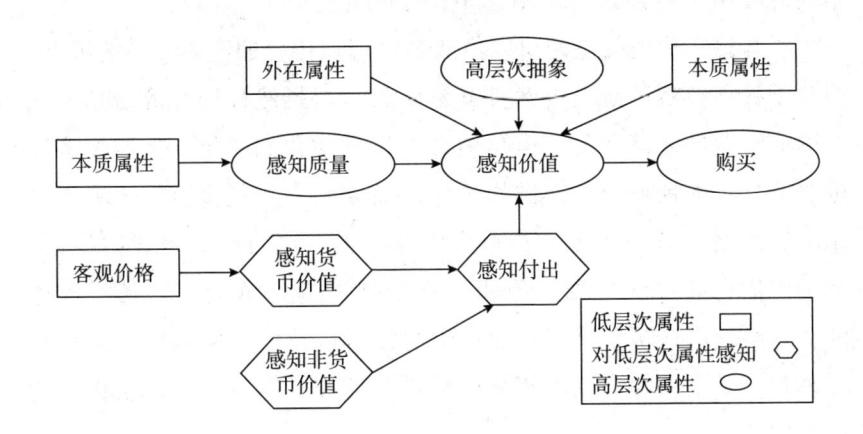

图3-1 Zaithaml 顾客感知价值模型

此外，Kotler[①]从让渡价值角度、Gronroos[②]从关系视角、Holbrook[③]从顾客体验的角度分别对顾客感知价值进行了界定。

顾客感知价值主要具有主观性、层次性和动态性的特征。一是主观性，Zeithaml[④]指出感知价值是主观的和个人的，因此很可能因顾客而异。二是层次性。Woodurff[⑤]建立了顾客感知价值层次的模型，顾客的期望价值从最低到最高层依次为：属性层次价值、结果

---

① Kotler P., *Marketing Management*: *Analysis*, *Planning*, *Implementation*, *and Control*, Prentice-Hall, 1997.
② Gronroos, P., "Value-driven Relational Marketing: From Products to Resources and Competences", *Journal of Marketing Management*, Vol. 13, No. 5, 1997.
③ Holbroo K. M. B., Customer Value: "A Framework for an alysis and Research", *Advances in Consumer Research*, Vol. 23, No. 1, 1996.
④ Zeithaml V. A., "Consumer Perceptions of Price, Quality, and Value: a Means-end Model and Synthesis of Evidence", *The Journal of Marketing*, Vol. 52, No. 3, 1988.
⑤ Woodruff R. B., "Customer Value: The Next Source for Competitive Advantage", *Journal of the Academy of Marketing Science*, Vol. 25, No. 2, 1997.

层次价值和终极目标价值。三是动态性。Vratrappen（1992）[①]认为顾客的期望价值会随着时间的不同而发生变化。Flint（1997）认为不同的使用情境会影响顾客对价值的判断。[②]

顾客感知价值理论的研究虽然多呈现在传统的实体经济情境下，但对于社群经济的研究仍然具有重要启示。虽然社群经济是基于互联网而产生的经济形态，但在前文的研究中我们指出，社群经济是围绕着特定的社群用户提供相关的产品或服务，其价值的变现源自用户的消费、口碑传播、参与协作等行为，这与传统企业的生产、营销传播行为并无二致。因而，对于社群的运营而言，其所创造的，并被社群成员所感知到的价值对社群成员的态度与行为具有重要影响。本书将在对以往研究成果进行梳理的基础上，提出相关的研究假设。

（一）顾客感知价值与顾客满意关系研究

Cardozo最早开始了关于顾客满意的研究，并认为顾客满意对其再购行为有积极的影响。[③]大部分学者认为，顾客满意是顾客在对某一特定消费过程中所形成的愉悦或失望的感觉状态。基于此，本书研究将用户满意定义为社群成员在参与社群活动过程中对社群及其产品或服务的总体性评估。在这里，社群活动包括日常的互动交流、消费、参与协作等内容，它们构成了社群经济活动的日常，社群成员在参与这些活动的过程中不断进行评估，从而形成了对其所在社群的一个总体评价。

关于顾客感知价值与顾客满意之间的因果关系目前学术界还存在着分歧，但更多的研究结果认为顾客感知价值是顾客满意的前

---

① 转引自范秀成、罗海成《基于顾客感知价值的服务企业竞争力探析》，《南开管理评论》2003年第6期。
② 转引自胡瑞静《顾客感知价值理论文献综述》，《现代商贸工业》2011年第7期。
③ 转引自白琳《顾客感知价值、顾客满意和行为倾向的关系研究述评》，《管理评论》2009年第1期。

第三章
研究假设与理论模型

因。Flint 等①、Cronin 等②在研究中发现顾客价值对顾客满意具有积极影响。Jones 和 Sasser（1995）③指出企业必须为顾客提供良好的价值才能获得顾客的满意。查金祥和王立生④的研究表明消费者的感知价值与网络顾客满意度存在正相关关系。本书亦支持这一观点，因为顾客感知价值是顾客对产品或服务利得与利失进行整体权衡后所形成的一种认知，而顾客满意是顾客将期望价值与其实际感知到的价值进行比较而得到的一个主观评价结果，因而从逻辑上来说感知要先于结果而产生。因此，可以认为感知价值是顾客满意的前因。

已有的研究成果表明，用户感知价值由多个维度构成。本书研究结合 Sweeny 和 Soutar⑤对顾客感知价值的四个维度划分（情感价值、社会价值、质量价值、价格价值），并基于社群经济的特点，将社群经济中的用户感知价值维度划分为：体验价值、社会价值、功能价值以及价格价值，探讨在社群经济的情境中，不同的价值维度对用户满意的影响作用。

功能价值是社群用户从社群产品或服务中所得到的效用。功能价值是影响用户购买决策与行为的重要因素。功能价值是产品质量的体现，产品质量为消费者提供功能性价值，满足消费者的实际需求。产品质量越高，即意味着产品在核心层面能更好地解决消费者的实际需求，或在外在层次上满足消费者审美需求，或在附加层次上让消费者感受到良好的服务或额外利益，这些都会有利于提升消

---

① Flint D. J., et al., "Customer Value Anticipation, Customer Satisfaction and Loyalty: An Empirical Examination", *Industrial Marketing Management*, Vol. 40, No. 2, 2011.

② Cronin J. J., et al., "Assessing the Effects of Quality, Value, and Customer Satisfaction on Consumer Behavioral Intentions in Service Environments", *Journal of Retailing*, Vol. 76, No. 2, 2000.

③ 转引自白琳《顾客感知价值、顾客满意和行为倾向的关系研究述评》，《管理评论》2009 年第 1 期。

④ 查金祥、王立生：《网络购物顾客满意度影响因素的实证研究》，《管理科学》2006 年第 1 期。

⑤ Sweeny J. C., Soutar G. N., "Consumer Perceived Value: The Development of a Multipleite Mscale", *Journal of Retailing*, Vol. 77, No. 2, 2001.

费者对产品的整体价值评价。社群的产品提供主要有无形的内容和有形的产品，在社群经济发展的过程中，内容/产品是聚合社群成员的重要入口，同时也是沉淀成员关系的重要条件。社群价值的体现正是在于其内容/产品带给社群成员的实际效用和情感附加值，社群内容/产品质量一方面影响着其对用户的吸引力，尤其是社群形成之初的用户聚合；另一方面还影响着社群的长期、持续性发展，当社群成员感知到社群能带给其较高的价值时，会持续留在一个社群并产生忠诚。内容/产品质量的下降会造成用户对社群价值评估的降低，造成用户流失，影响社群经济效益。当社群成员感受到社群提供的内容或者产品质量较高，能满足其功能或情感需求，成员对社群的满意度就越高。因而，本书提出如下假设：

H1：社群功能价值正向影响用户满意。

价格价值是指短期和长期感知成本的降低给顾客带来的效用。产品价格往往被理解为感知"利失"的来源，是消费者为获得产品而做出的牺牲。然而，线索利用理论认为消费者通过与产品相关的属性推断出信息，比如价格属性。早期研究表明，价格—质量间存在正向的关系。从这个意义上来看，价格作为质量证据的线索正向地影响客户满意。在消费行为过程中，消费者在购买前会通过价格对产品或服务的质量进行一定的预判，在购买后将产品实际功效与价格进行比较，如果消费者认为物超所值，则消费者会感到满意。研究证明，在传达质量感知方面，价格仅次于品牌名称。社群用户在社群内容或产品购买的过程中，会根据产品价格对购买内容或产品进行质量判断，在购买、使用后将价格与产品质量进行权衡比较，如若觉得物超所值，则会增加用户满意度。由此，本书提出如下假设：

H2：社群价格价值正向影响用户满意。

体验价值是社群成员从产品消费的感觉和社群互动的情感状态中所得到的效用。社群经济与其他经济形态的不同之处在于用户行为是在社群这一特定的时空中发生的，其体验一方面来自对内容/

产品的消费过程，更重要的是来源于与社群及其他社群成员的互动。社群成员对满意度高低进行判断时，与其社群体验是密切联系的。社群用户体验即是用户在参与社群互动以及购买、使用产品过程中建立起来的纯主观感受，是用户对于社群运营方在内容/产品的购买、使用、售后以及社群氛围的总体感知。Pine[1]指出体验是个体在参与某个事件时意识中所产生的美好感受。Schouten等[2]提出"超然消费体验"的概念来表达在消费情境中的超然体验，并指出超然消费体验能够深远持久地塑造或影响消费者的态度和行为。对于基于互联网而诞生的网络社群而言，提供给成员超然的用户体验尤为重要，用户体验越好，其对社群的整体满意水平越高。由此，本书提出如下假设：

H3：社群体验价值正向影响用户满意。

社会价值是产品提高社会自我概念给用户带来的效用。社群成员在参与社群日常互动、消费、协作等活动的过程中其特长、能力、个性等得到体现，其理想中的自我形象得以构建，此时，便会产生社会价值。社群社会价值的产生主要来自社群自身的定位和形象，即社群品牌形象。个性鲜明的品牌可以使顾客获得额外的社会和心理利益[3]。社群品牌形象是社群在创立、运营的过程中逐渐形成的一种身份标签，是社群成员对社群品牌的整体感知。社群是一种亚文化圈子，有着自身独特的属性与特征，即社群标签。这种标签化的特征吸引着有相同志趣的个体自发地聚集到一起，随着社群互动的深入，社群成员对标签化的认知上升为对社群品牌形象的整体认知，良好的品牌形象为社群成员提供着情感与精神价值，成为成员的自我形象的重要象征。社会价值会大大提升社群成员的心理

---

[1] Pine B. J., Gilmore J. H., "Welcome to the Experience Economy", *Harvard Business Review*, Vol. 6, No., 1998.

[2] Schouten, John W., et al., "Transcendent Customer Experience and Brand Community", *Journal of the Academic Marketing Science*, Vol. 35, No. 3, 2007.

[3] 范秀成:《基于顾客的品牌权益测评：品牌联想结构分析法》,《南开管理评论》2000年第6期。

满足，成员认为参与社群会提升自己，进而提高其对社群的满意度。因而，本书提出如下假设：

H4：社群社会价值正向影响用户满意。

（二）顾客满意对行为意向的影响研究

关于顾客满意对顾客行为的影响中，有学者认为顾客满意水平对顾客行为具有直接的、正向的影响。Bearden 和 Teel 认为顾客满意水平与宣传（顾客行为）呈正相关。[1] Labarbera 和 Mazursky[2]、Oliver 和 Swan[3] 等的研究表明顾客满意水平对顾客重购行为具有正向影响。在国内的研究者中，王烨[4]、何健民和潘永寿[5]的研究都表明顾客满意对行为意向具有正向影响作用。在一个社群中，如果社群成员对社群感到满意，符合了他（或她）的预期，这种满意感会引发其具体的行为，如反复的消费行为、向他人推荐社群以及参与到社群的具体任务和活动中，且满意程度越高，越有利于社群成员产生积极的行为。有部分学者认为，顾客感知价值主要通过顾客满意对行为倾向产生间接影响（Lapierre & Filiatrault，1999）。[6] 由此，本书提出以下假设：

H5：用户满意对社群绩效有正向影响作用。

H6：用户满意在用户感知价值与社群绩效之间具有中介作用。

顾客满意是顾客通过其对产品或服务的价值感知与他（或她）

---

[1] Bearden W. O., Teel J. E., "Selected Determinants of Consumer Satisfaction and Complaint Reports", *Journal of Marketing Research*, Vol. 20, No. 1, 1983.

[2] Labarbera P., Mazursky D., "A Longitudinal Assessment of Consumer Satisfaction/dissatisfaction: The Dynamic Aspect of the Cognitive Process", *Journal of Marketing Research*, Vol. 20, No. 4, 1983.

[3] Oliver R. L., Swan J. E., "Equity and Disconfirmation Perceptions as Influences on Merchant and Product Satisfaction", *Journal of Consumer Research*, Vol. 16, No. 3, 1989.

[4] 王烨：《电信业电子服务质量对顾客满意度和行为意向的影响》，硕士学位论文，北京邮电大学，2014年。

[5] 何健民、潘永寿：《顾客感知价值、顾客满意与行为意向关系实证研究》，《管理现代化》2015年第1期。

[6] 转引自白琳《顾客感知价值、顾客满意和行为倾向的关系研究述评》，《管理评论》2009年第1期。

的期望值相比较所形成的感觉状态。在一个社群中，社群成员感知到社群为其带来的效用达到个人预期时，就会产生满意感，这种满意感会提升成员对社群的认同感。成员会期望继续成为社群的一员，以持续获得这种满意感。因而，本书提出以下假设：

H7：用户满意对社群认同有正向影响作用。

二 社会资本理论及其相关研究

社会资本的概念最早由经济学家格林·洛瑞提出。随后，法国社会学家皮埃尔·布迪厄（Pierre Bourdieu）在1980年从社会网络的角度提出了"社会资本"（Social Capital）这一概念，他认为社会资本是实际的或潜在的资源集合体，是一种体制化的关系网络。[1] 美国社会学家科尔曼[2]基于理性选择理论，从功能的视角对社会资本进行定义：行动者在资源交换、获取利益的过程中所形成的社会关系可视为一种"资源"，即"社会资本"。普特南（Putnam, 1993）基于政治学的视角从群体层面来考察社会资本，将社会资本视为"社会组织的特征，如信任、规范以及网络，它们能够通过促进合作行为来提高社会的效率"。[3] Fukuyama[4]亦认为社会资本能够促进群体内合作的非正式规范和信任。Granovetter[5]认为经济行为"嵌入"于社会关系之中。行动者的经济行动是受社会定位的，个体与群体间的互动共同决定了经济行为的后果。因而，对于行动者的经济行为应从其所在的社会网络结构出发，分析其与其他网络成员之间相互影响的作用。

随后，以林南、博特为代表的学者从不同的研究视角出发，相

---

[1] 转引自蒋春华《试论社会资本的性质》，《企业经济》2004年第2期。

[2] Coleman J. S., *The Foundation of Social Theory*, MA: Harvard University Press, 1990.

[3] 转引自蒋春华《试论社会资本的性质》，《企业经济》2004年第2期。

[4] Fukuyama F., "Social Capital and the Global Economy", *Foreign Affairs*, Vol. 74, No. 5, 1995.

[5] Granovetter M., "Economic Action and Social Structure: The Problem of Embeddedness", *American Journal of Sociology*, Vol. 91, No. 3, 1985.

继提出社会资源学说、结构洞等理论，Nahapiet 和 Ghoshal[①] 发展了格兰诺维特关于社会资本"关系性嵌入"和"结构性嵌入"的观点，将社会资本划分为关系性、结构性、认知性三个维度，不断丰富了社会资本理论的研究。

不同领域的学者从多个视角对社会资本进行了深入的研究，使得社会资本呈现出一种跨学科特征，社会资本理论被广泛地用于社会学、经济学、政治学、管理学等领域的研究中。本书基于格兰诺维特关于"嵌入性"的观点，认为社群成员在社群关系网络中的定位及其与其他成员的关系将影响其经济行为，且在对以往关于社群绩效影响因素的文献梳理中，社会资本亦得到了验证。下面本书将基于以往对于社会资本相关研究的成果，提出研究假设。

(一) 社会资本与社会认同相关研究

社会认同理论由亨利·泰弗尔（Henri Tajfel，1978）所提出，他认为社会认同是"个体认识到他（或她）属于特定的社会群体，同时也认识到作为群体成员带给他的情感和价值意义。"[②] 社会认同的形成有社会分类、社会比较、积极区分三个过程。[③] 社会分类使人们对世界的认知系统化，且易于理解，有助于个体形成对自我和他人的感知。在社会分类的过程中，会产生"增强效应"，从而使得内外群体的边界变得清晰；社会比较是个体为了定义自身在社会中的位置，群体内成员与其他群体进行比较以进行社会区分，社会比较使分类的意义变得更加明显；在进行社会比较时，人们倾向于用内群体有优势的维度来与外群体进行比较，以获得积极区分，满足自尊或自我激励的需要。通过积极区分，个体感知到了所处群体的优越感，对所属群体的认同度进一步增强。

[①] Nahapiet J., Ghoshal S., " Social Capital, Intellectual Capital and the Organizational Advantage", *The Academy of Management Review*, Vol. 23, No. 2, 1998.

[②] 转引自张莹瑞、佐斌《社会认同理论及其发展》，《心理科学进展》2006 年第 3 期。

[③] 周晓虹：《认同理论——社会学与心理学的分析路径》，《社会科学》2008 年第 4 期。

社会认同是由于个体认同某一群体而产生的有关"属于某一群体"的感知。本书研究将社群认同定义为社群成员将自己视为社群的一部分，认可社群的文化、价值观、目标和规范，它反映了社群成员与其他社群成员以及社群整体的关系强度。

社群经济产生的基础在于网络社群组织，社群成员对于其"属于某一群体"的认知是在社群关系网络之中通过持续的信息交互、沟通交流中逐渐形成的，而同时这种交互、沟通的行为会形成关于社群的共同认知、信任规范等，社群成员对于社群的认知、信任等的感知将影响其能否产生对社群的情感认同。基于 Nahapiet 和 Ghoshal 提出的社会资本三个维度的划分，下文将对社群社会资本结构维度、关系维度以及认知维度与社群认同的关系进行分析。

1. 社群社会资本结构维度对社群认同的影响

社群社会资本的结构维度反映的是社群成员之间的网络关系和网络结构，通过前文对于社群经济发展内在逻辑的分析，互动是社群形成和发展过程中的重要因素，也是社群社会资本得以形成的基础。因而，在本研究中选择互动关系这一指标来衡量社群社会资本的结构性要素。

互动关系是虚拟社区成员之间的关系强度、花费的时间及沟通的频率。[①] 楼天阳和陆雄文认为自我认同度和成员在社群中的互动程度都会对社群认同产生正向影响。[②] Rao 和 Ward 认为社会互动和社会认同之间存在相关关系。[③] 在一个社群中，成员之间的互动程度越高，信息和情感的交流就会越频繁，这种交流会加深成员对社

[①] 徐光等：《基于虚拟社区感知与社区参与动机影响的社会资本与组织公民行为关系研究》，《管理评论》2016 年第 7 期。

[②] 楼天阳、陆雄文：《虚拟社区与成员心理联结机制的实证研究：基于认同与纽带视角》，《南开管理评论》2011 年第 2 期。

[③] Rao H., Ward G. F., "Embeddedness, Social Identity and Mobility: Why Firms Leave the NASDAQ and Join the New York Stock Exchange", *Administrative Science Quarterly*, Vol. 45, No. 2, 2000.

群的共享价值、目标或信念的认知,有助于社群认同的产生。[①] 社群互动主要有信息互动与人际互动两种。信息互动有助于成员获取丰富的知识,成员可以在社群中将自己的知识、经验以及对产品、社群的感受和意见有效地反馈给社群和其他成员,这种信息沟通可以加深社群成员对社群的了解,从一定意义上看,成员的互动性越强,越有利于成员"自我分类"的完成,从而对社群认同产生积极的影响。人际互动是指成员通过社群和其他成员的互动,人际互动可以有效地促进成员之间情感关系的形成,有利于社群成员在情感与社会需求上的满足,也增强其对整个社群的认同和社群意识的形成。Uzzi[②]和Seibert[③]等的研究亦表明强联系对成员身份认同与情感支持具有积极作用。由此,本书提出如下假设:

H8:社群社会资本结构性要素对社群认同具有正向影响。

2. 社会资本关系维度对社群认同的影响

社会资本关系维度反映了成员社会关系的质量,是社会资本最核心的部分。社群社会资本的关系维度表现在社群成员在关系网络中相互交流而建立的一种关系法则和社会信任。薛海波[④]的研究发现这些关系法则对社群成员的态度和行为意愿有着重大影响。对于社群社会资本的关系维度的衡量,本书研究选择信任、互惠两个指标。

由于网络社群存在匿名性、虚拟在场等特性,成员在网络互动的过程中无法确定其交流对象是谁,便容易产生不安全感。因此,网络社群更加需要信任资本的积聚和分享,信任是连接社群个体的

[①] Galaskiewicz J., Wasserman S., "Mimetic Processes within an Inter-organizational Field: An Empirical Test", *Administrative Science Quarterly*, Vol. 34, No. 3, 1989.

[②] Uzzi B., "The Sources and Consequences of Embeddedness for the Economic Performance of Organizations: The Network Effect", *American Sociological Review*, Vol. 61, No. 4, 1996.

[③] Seibert S. E., et al., "A Social Capital Theory of Career Success", *Academy of Management Journal*, Vol. 44, No. 2, 2001.

[④] 薛海波:《品牌社群作用机理研究和模型构建》,《外国经济与管理》2012年第2期。

情感纽带①，信任的建立能够降低成员对环境的风险焦虑、凝聚对他者的认同。Mael 和 Ashforth②的研究指出社群中的信任能有效促进成员互动，更容易实现社群认同。Liu 和 Yang③等认为信任能够给成员交流和对话提供轻松自由的环境，并增进成员的共同行为。互惠是指个体自愿地、无偿地帮助他人，但同时也期待将来能够以某种方式得到回报。④ 有研究表明，虚拟社区中的成员行为会受到互惠的强烈驱动影响。⑤ 在社群的日常互动中，如果社群成员获得了其他成员的帮助，那么他会产生获得社会支持的满足，进而愿意与社群成员保持亲密关系。同时，还会促使个体积极地回报他人、帮助他人，由此形成一个良性的循环，社群成员之间的情感关系更为紧密。互惠加强了成员间关系的互依性，使成员对社群的归属感变得更强，而归属感是社群认同产生的基础。基于以上的分析，本书提出如下假设：

H9：社群社会资本关系性要素对社群认同具有正向影响。

3. 社会资本认知维度对社群认同的影响

社会资本认知维度是指被群体所共享、能够展现、表达群体意义的资源。社会资本的认知维度通常用共同愿景和共享语言来衡量。⑥ 因而，本书研究亦采用这两个指标来测量社群社会资本的认知维度。

---

① Chowdhury S., "The Role of Affect-and Cognition-based Trust in Complex Knowledge Sharing", Journal of Managerial Issues, Vol. 17, No. 3, 2005.

② Mael F., Ashforth B. E., "Alumni and Their Alma Mater: A Partial Test of the Reformulated Model of Organizational Identification", Journal of Organizational Behavior, Vol. 13, No. 2, 1992.

③ Liu Y., Yang D., "Information Exchange in Virtual Communities Under Extreme Disaster Conditions", Decision Support Systems, Vol. 50, No. 2, 2011.

④ Onyx J., Bullen P., "Measuring Social Capital in Five Communities", Journal of Applied Behavioral Science, Vol. 36, No. 1, 2000.

⑤ 徐光等：《基于虚拟社区感知与社区参与动机影响的社会资本与组织公民行为关系研究》，《管理评论》2016 年第 7 期。

⑥ 唐莉芳：《社会资本对网络群体行为影响的理论和实证分析》，《商业经济与管理》2016 年第 2 期。

共同语言是社群成员在社群互动中经常使用的、成员都能理解的语言、昵称、术语、表情等符号。共享语言有利于成员间思想、知识和信息的分享，促进成员参与群体行为。① Chan（2012）等在研究中发现成员如果有共同语言，会更容易产生认同感。② 罗家德等指出共同认知具有自我认知、相互影响、相互分享、情感交流和团队文化的功能。③ 在网络社群中，成员的日常互动是通过语言交流来实现的，因而共同语言是进行社群互动的基础。通过共同语言的交流，成员之间更容易产生群体性认知，这些特有的语言和符号系统有利于成员对外群体进行区分，对所属群体产生认同。

共同愿景是社群成员拥有共同的目标和价值观。以往的研究表明，共同愿景能将社群成员凝聚在一起并影响他们的信念，④ 社群成员的共同愿景越一致，成员参与群体互动行为的意愿就越高，⑤ 成员的归属感就越强烈，更倾向于将社群的目标置于个人目标之上。这说明，在共同愿景的作用下，成员之间的关系更为紧密，越有利于形成"我们感"的群体感知，从而促进社群认同的产生。结合已有的研究成果，本书提出如下假设：

H10：社群社会资本认知性要素对社群认同具有正向影响。

（二）社群认同对个体行为的影响研究

网络社群是虚拟网络空间中个体的聚合，个体的行为必然会受到群体的影响。根据社会认同理论，个体在加入某一社群时，会在

---

① Chiu C. M., et al., "Understanding Knowledge Sharing in Virtual Communities: An Integration of Social Capital and Social Cognitive Theories", *Decision Support Systems*, Vol. 42, No. 3, 2006.

② 转引自王佳《认同与忠诚：在线品牌社群社会资本对品牌的作用机制研究》，博士学位论文，武汉大学，2016年。

③ 罗家德等：《实践性社群内社会资本对知识分享的影响》，《江苏社会科学》2007年第3期。

④ Merlo O., et al., "Social Capital, Customer Service Orientation and Creativity in Retail Store", *Journal of Business Research*, Vol. 59, No. 12, 2004.

⑤ Han J. J., et al., "The Effect of Individual Needs, Trust and Identification in Explaining Participation Intentions in Virtual Communities", *Hawaii International Conference on System Sciences*, 2007.

自我概念中形成一种社群身份，并据此产生自己在社群内的行为。楼天阳和陆雄文①指出网民在虚拟世界中的自我身份验证同样会影响其行为。以往对品牌社群的研究中发现，当成员对社群产生认同感，社群成员之间便会形成一种"我们感"效应，越是认同自己是社群的一员，成员就越会对社群产生积极的评价，越感觉有责任来支持品牌以及品牌社群的发展，这是社群道德规范对成员的一项要求。② 以往许多研究已发现社群认同对用户参与具有积极影响，这些成果主要体现在对品牌社群的研究领域：Algesheimer③认为品牌社群认同感对消费者的参与有积极影响，Bagozzi 和 Dholakia④发现社群认同对消费者的社群活动参与意愿的影响有显著差异性。因而，社群成员的购买、传播与参与行为会受到社群认同的影响。

社群认同是社群经济产生的基础条件，社群成员对社群的情感认同度越高，其对社群的情感融入越深，进而使其希望保持与社群的关系。社群成员对社群产生认同感时，会促使其更多地参与社群活动，更乐意融入社群；此外，基于对社群的认同，社群成员还会购买社群产品，并主动进行正面、积极的口碑传播，从而产生社群经济效益。由此，本书做出如下假设：

H11：社群认同对社群绩效有正向影响作用。

在前文中我们发现社群社会资本的各个要素都对社群认同产生积极的促进作用，社群中的互动关系、信任互惠、共同认知的形成会加深社群成员对社群的情感认同，这种认同感对于社群成员采取购买、参与、传播、协作等行为具有积极作用，因而，本书提出如

---

① 楼天阳、陆雄文：《虚拟社区成员心理联结机制的概念模型：基于身份与纽带视角》，《营销科学学报》2009 年第 3 期。

② Muniz A. M., O'Guinn T. C., "Brand Community", *Journal of Consumer Research*, 2001.

③ Algesheimer R., et al., "A The social Influence of Brand Community: Evidence From European Car Clubs", *Journal of Marketing*, Vol. 69, No. 4, 2005.

④ Bagozzi R. P., Dholakia U. M., "Antecedents and Purchase Consequences of Customer Participation in Small Group Brand Communities", *International Journal of Research in Marketing*, Vol. 23, No. 1, 2006.

下假设：

H12：社群认同在社群社会资本与社群绩效之间具有中介作用。

三 作为调节变量的社群涉入度

涉入度是个体基于自身内在需要而感知到的与客体的相关程度，涉入程度的高低取决于个体对于客体所做的解释。[1] 关于涉入的影响因素，Zaichkowsky 和 Judith[2] 认为涉入有三大前因：个人因素、与沟通媒介物理特性有关的目标或刺激、情境因素。Andrews[3] 将涉入的前因归纳为个人需要、目标、产品特点和情境与决策因素。这说明即使面对同一客体，不同的个体基于自身需要、目标、情境等因素的差异可以产生不同的解释。Mitchell 认为，涉入代表了一种内在的状态变量，它能反映感知、兴趣或由某种特定刺激或情境引发的动机，进而影响到消费者行为。[4] 个体对客体的涉入度高，说明客体对于个体而言是重要的；反之，个体的涉入度低，说明客体对于个体而言不太重要。

大量的研究表明，个体的涉入度会影响到个体对客体的态度及行为。Suh 和 Youjae 指出，不同涉入度的消费群体在品牌信息处理、购买行为以及品牌忠诚度等方面具有显著的差异[5]。Petty 和 Cacioppo（1983）认为涉入度高的个体在信息搜索和活动参与方面更为积

---

[1] Antil J. H., "Socially Responsible Consumers: Profile and Implications for Public Policy", *Journal of Macro-marketing*, Vol. 4, No. 2, 1984.

[2] Zaichkowsky, Judith L., "Conceptualizing Involvement", *Journal of Advertising*, Vol. 15, No. 2, 1986.

[3] Andrews J. C., et al., "A Framework for Conceptualizing and Measuring the Involvement Construct in Advertising Research", *Journal of Advetising*, Vol. 19, No. 4, 1990.

[4] Mitchell A. A. "Involvement: A Potentially Important Mediator of Consumer Behaviour", *Advances in Consumer Research*, 1979.

[5] Suh J., Youjae Y., "When Brand Attitudes Affect the Customer Satisfaction - Loyalty Relation: The Moderating Role of Product Involvement", *Journal of Consumer Psychology*, Vol. 16, No. 2, 2006.

极主动,并且容易受到参照群体的影响。[①] 林振旭和苏勇[②]的研究发现消费者对网络购物的涉入态度正向影响其网络购买意愿。汪涛和李燕萍[③]指出在虚拟社区中,产品涉入会正向调节信任善意与推荐效果的关系。吴勇[④]认为涉入度对口碑传播具有正向影响。

社群涉入度是社群成员对于社群对自身重要性的感知,是社群成员从加入到融入社群的过程中所逐渐形成的。社群涉入度的高低反映了社群成员对于社群的态度与评价,并进而影响其在社群中的行为。通过以往的研究成果我们可以推论,成员在高社群涉入度情境下,成员对社群认同、用户满意的评价倾向亦会偏高,他们愿意投入时间、精力、金钱等到社群之中,具体为积极地参与社群互动、购买社群中产品、主动的口碑传播,甚至参与到社群的某项任务或活动中。涉入度越高,他们越认为这些行为是有意义的。反之,社群涉入度低的成员,其对社群认同度、用户满意度的感知较低,使得其对参与互动、消费及协作行为的投入水平较低。由此,本书提出如下假设:

H13:社群涉入度对用户满意与社群绩效、社群认同与社群绩效之间的关系起调节作用。

第三节 理论模型的确立

基于社会资本理论、顾客感知价值理论等理论基础以及以往的

---

① 转引自王佳《认同与忠诚:在线品牌社群社会资本对品牌的作用机制研究》,博士学位论文,武汉大学,2016年。

② 林振旭、苏勇:《科技接受模式对网络购买意愿影响探析》,《商业时代》2007年第32期。

③ 汪涛、李燕萍:《虚拟社区中推荐者特征对推荐效果的影响》,《商业经济与管理》2007年第11期。

④ 吴勇:《高校学生涉入程度对口碑传播的作用》,硕士学位论文,华中农业大学,2007年。

研究成果，本书提出了用户感知价值、社群社会资本对社群经济影响的理论模型。本书认为，社群所创造的用户感知价值以及社群社会资本通过影响成员的情感态度，即用户满意、社群认同而影响社群成员的购买、口碑传播、参与协作行为，在这一过程中，社群涉入度起到调节作用，并最终影响社群经济的绩效。本书研究的理论模型如图3-2所示。

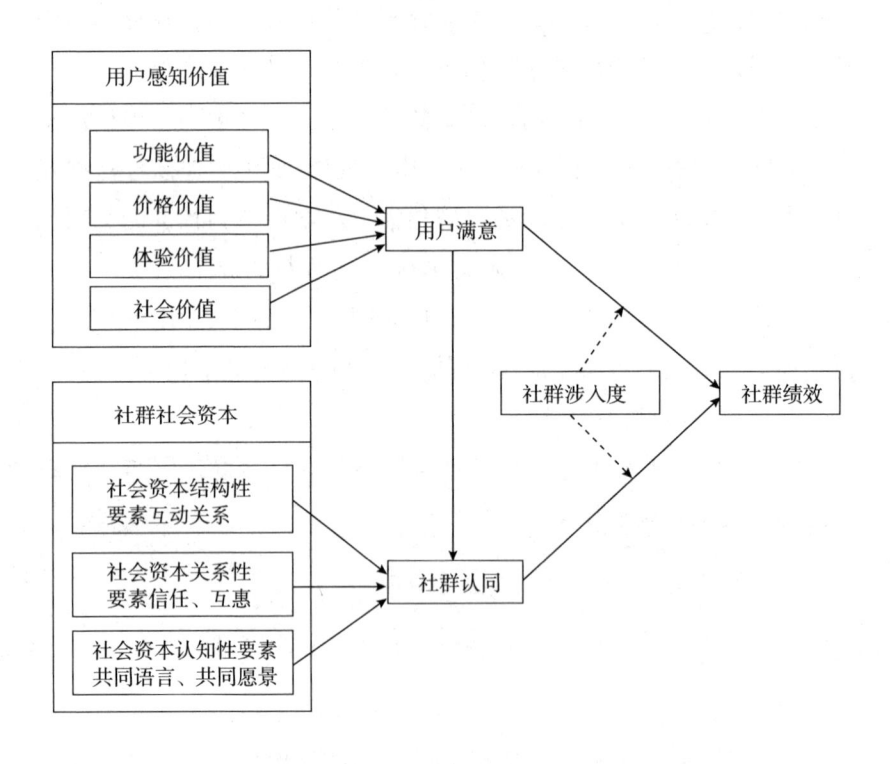

图3-2 用户感知价值、社群社会资本对社群经济的影响模型

首先，基于顾客感知价值理论并结合社群经济的特点将社群用户感知价值分为功能价值、价格价值、体验价值、社会价值四个维度，系统地考察用户感知价值对于社群经济的影响作用，同时，基于以往的研究成果，将用户满意作为中介变量，用户感知价值通过用户满意影响社群绩效。

其次，根据社会资本理论、社会认同理论，从社群社会资本的三个维度：结构维度（互动关系）、关系维度（信任、互惠）以及认知维度（共同语言、共同愿景）系统考察社群社会资本对社群经济的影响，结合以往相关的研究成果，将社群认同作为中介变量，社群社会资本通过社群认同对社群绩效产生影响。

最后，将涉入度作为调节变量纳入模型中，认为社群涉入度在用户满意与社群绩效、社群认同与社群绩效之间产生调节作用。即社群成员的社群涉入度越高，其对用户满意、社群认同的评价水平越能影响社群绩效。

第四节 本章小结

本章首先对于研究所涉及的6个变量用户感知价值及其四个维度、社群社会资本及其三个维度、用户满意、社群认同、社群涉入度、社群绩效分别进行了阐释和界定，以进一步明确本书的研究问题与范围。

随后，基于对社会资本理论、顾客感知价值理论等理论基础以及对以往相关研究的回顾，并结合社群经济的实际情境，提出了13个研究假设。首先，基于顾客感知价值理论及其相关研究成果，对用户感知价值的功能价值、价格价值、体验价值、社会价值四个维度对于社群经济的影响进行系统的考察，提出了7个假设：H1：功能价值正向影响用户满意；H2：价格价值正向影响用户满意；H3：体验价值正向影响用户满意；H4：社会价值正向影响用户满意；H5：用户满意对社群绩效有正向影响作用；H6：用户满意在用户感知价值与社群绩效之间具有中介作用；H7：用户满意对社群认同有正向影响作用。其次，基于社会资本理论及其相关研究成果，对社群社会资本的结构性要素、关系性要素、认知性要素对社群经济的影响进行了全面的考量，提出了5个假设：H8：社会资本结构性要素对社群认同具有正向影响；H9：社会资本关系性要素对社群认同具有正向影响；H10：社会资本认知性要素对社群认同具有正向影响；H11：社群认同对社群绩效有正向影响作用；H12：社群认同在社群社会资本与社群绩效之间具有中介作用。最后，引入调节变量社群涉入度，基于涉入理论及其相关研究结果，考察涉入度对用户满意、社群认同在社群绩效之间的作用。提出了假设H13：社群涉入度对用户满意、社群认同与社群绩效之间的关系起调节作用。

在研究假设的基础之上，本书构建了用户感知价值、社群社会资本对社群经济影响的理论模型，并对理论模型进行了一定的阐释。本书将在后续的实证研究中对理论模型进行检验，以验证本章所提出的研究假设。

第四章 研究方法与研究设计

本章主要进行调查问卷的设计，借鉴学者们已有的成熟量表对相关变量设计测量题项，通过对预调研问卷的信度、效度以及探索性因子分析的数据结果对问卷量表进行修订，得到了本书研究的正式问卷，并根据确立的调查对象进行问卷的发放与回收。

第一节 问卷设计与变量测量

一 问卷设计的步骤

参照 Aaker、荣泰生等学者提出的问卷设计的原则与建议，结合本书的具体内容，首先，通过文献研究与深度访谈提取相关测量指标。对国内外相关的社群社会资本、社群认同、用户感知价值等有关文献进行广泛阅读，借鉴被广泛使用的成熟量表，并结合本研究的具体情境进行测量题项的设计。对于没有成熟量表的变量，本书研究将根据这些变量的理论内涵和操作化定义，确定合适的测量指标，形成初步的量表。其次，通过咨询该研究领域的相关专家、学者对初始量表进行评估，对各个变量的测量题项的表述、内容、逻辑关系等进行修改和完善，以减少问卷中出现的歧义和不合理之处。再次，运用修改完善后的调查问卷进行小样本预测试，对题项进行信度和效度的验证。最后，根据验证的数据结果对不符合要求的题项进行删除或者修改,形成本书研究正式的调查问卷(见附录)。

二 问卷内容

(一)问卷内容的总体情况

根据本书研究的概念模型和理论假设,调查问卷包括五个部分:第一部分是用户价值感知情况;第二部分是社群社会资本情况;第三部分是用户满意与社群认同情况;第四部分是社群涉入度与社群绩效相关题项;第五部分是受访者的人口统计基本信息,包括年龄、性别、职业、收入、受教育程度等。第一部分到第四部分是主要测量项目的李克特量表,本书研究采用了七点量表,要求受访者根据自身情况,选择与题项所陈述内容相一致的程度,分值从1—7,1=非常不赞同,2=不赞同,3=比较不赞同,4=中立,5=比较赞同,6=赞同,7=非常赞同,依次递进,以正向计分进行测量。

(二)变量的测量

本书研究所涉及的变量主要有自变量、因变量、中介变量、调节变量四种类型,研究变量的总体情况如表4-1所示。

表4-1　　　　　　　　本书研究的主要变量

类型	名称
自变量	功能价值、价格价值、体验价值、社会价值、互动关系、信任、互惠、共同语言、共同愿景
因变量	社群绩效
中介变量	用户满意、社群认同
调节变量	社群涉入度

1. 社群社会资本的测量

在本书研究中,社群社会资本的结构性要素选择互动关系进行测量;关系性要素选择信任、互惠进行测量;认知性要素选择共同语言和共享愿景进行测量。

在对结构性要素测量中,互动关系的指标主要根据 Nahapiet

和 Ghoshal①，Tsai 和 Ghoshal② 等的研究成果。

表 4-2　　　　　　　社会资本结构性要素测量题项

变量名	编号	测量题项	来源
互动关系	HD1	我与社群内的其他成员关系很紧密	Nahapiet 和 Ghoshal（1998）、Tsai 和 Ghoshal（1998）
	HD2	通常情况下，我能通过用户名识别出群体成员	
	HD3	我与社群其他成员有着频繁的交流	
	HD4	大部分时候我是与社群成员进行互动，而较少与不同观点的其他网民进行互动	
	HD5	成员之间经常一起讨论共同话题	

在对关系性要素测量中，信任的指标主要依据 Nahapiet 和 Ghoshal、罗家德和郑孟育③、王佳④等的研究，互惠的指标主要根据王新新和薛海波⑤、Wasko 和 Faraj⑥ 的研究。

表 4-3　　　　　　　社会资本关系性要素测量题项

变量名	编号	测量题项	来源
信任	XR1	社群成员具有很高的可信度	Nahapiet 和 Ghoshal（1998）、罗家德、郑孟育（2009），王佳（2016）
	XR2	我对社群成员提及信息的真实性高度信任	
	XR3	我相信群体成员不会别有用心地利用其他成员	
	XR4	做相关决定时，我会参考社群成员的建议	

---

① Nahapiet J., Ghoshal S., "Social Capital, IntellectualCapital and the Organizational Advantage", *Academy of Management Review*, Vol. 23, No. 2, 1998.

② Tsai W., Ghoshal S., "Social Capital and Value Creation: The Role of Intrafirm Networks", *Academy of Management Journal*, Vol. 1, No. 4, 1998.

③ 罗家德、郑孟育：《派系对组织内一般信任的负面影响》，《管理学家》2009 年第 3 期。

④ 王佳：《认同与忠诚：在线品牌社群社会资本对品牌的作用机制研究》，博士学位论文，武汉大学，2016 年。

⑤ 王新新、薛海波：《品牌社群社会资本、价值感知与品牌忠诚》，《管理科学》2010 年第 6 期。

⑥ Wasko M. L., Faraj S., "Why Should I Share? Examining Social Capital and Knowledge Contribution in Electronic Networks of Practice", *Mis Quarterly*, Vol. 29, No. 1, 2005.

续表

变量名	编号	测量题项	来源
互惠	HH1	如果我遇到问题，社群其他成员会帮助我	王新新和薛海波（2010）、Wasko（2005）
	HH2	从其他成员那得到帮助，我也会去帮助别人	
	HH3	群里有人发言求助时，我会帮助解答	

  对于认知性要素采用共同语言和共享愿景这两个变量来测量。测量共同语言的指标主要依据 Tsai 和 Ghoshal[①]、Chiu 等[②]、王新新和薛海波[③]、Mathwick 等[④]的测量量表。共享愿景的测量借鉴了 Nahapiet 和 Ghoshal[⑤]、Tsai 和 Ghoshal[⑥]、Chiu 等[⑦]、Chow 和 Chan[⑧]、王佳[⑨]的测量量表。

[①] Tsai W., Ghoshal S., "Social Capital and Value Creation: The Role of Intrafirm Networks", *Academy of Management Journal*, Vol. 41, No. 4, 1998.

[②] Chiu C. M., et al., "Understanding Knowledge Sharing in Virtual Communities: An Integration of Social Capital and Social Cognitive Theories", *Decision Support Systems*, Vol. 42, No. 3, 2006.

[③] 王新新、薛海波：《品牌社群社会资本、价值感知与品牌忠诚》，《管理科学》2010年第6期。

[④] Mathwick C. et al., "Social Capital Production in a Virtual P3 Community", *Journal of Consumer Research*, Vol. 34, No. 6, 2008.

[⑤] Nahapiet J., Ghoshal S., "Social Capital, IntellectualCapital and the Organizational Advantage", *Academy of Management Review*, Vol. 23, No. 2, 1998.

[⑥] Tsai W., Ghoshal S., "Social Capital and Value Creation: The Role of Intrafirm Networks", *Academy of Management Journal*, Vol. 41, No. 4, 1998.

[⑦] Chiu C. M., et al., "Understanding Knowledge Sharing in Virtual Communities: An Integration of Social Capital and Social Cognitive Theories", *Decision Support Systems*, Vol. 42, No. 3, 2006.

[⑧] Chow W. S., Chan L. S., "Social Network, Social Trust and Shared Goals Inorganizational Knowledge Sharing", *Information & Management*, Vol. 45, No. 7, 2008.

[⑨] 王佳：《认同与忠诚：在线品牌社群社会资本对品牌的作用机制研究》，博士学位论文，武汉大学，2016年。

表 4-4　　　　　　　社会资本认知性要素测量题项

变量名	编号	测量题项	来源
共同语言	GTYY1	社群里有一些内部交流的语言，如关于人物、产品等的昵称、别称或专业术语	Chiu（2006）、Tsai 和 Ghoshal（1998）、Mathwick（2008）、王新新和薛海波（2010）、王佳（2016）等
	GTYY2	在交流过程中，成员都使用可被理解的沟通模式	
	GTYY3	成员在发布信息时，用的是大家都能理解的表述方式	
	GTYY4	成员有一些共同默认的事物或观点	
共同愿景	GTYJ1	成员对于社群的发展有比较一致的意见	Nahapiet 和 Ghoshal（1998）、Chiu（2006）、Chow 和 Chan（2008）、Tsai 和 Ghoshal（1998）、王佳（2016）
	GTYJ2	成员经常围绕社群进行沟通和交流	
	GTYJ3	社群成员拥有共同的目标，会围绕社群进行沟通和交流	

2. 社群认同的测量

关于社群认同感的测量指标借鉴了 Mael 和 Ashforth[①]、Bagozzi 和 Dholakia[②]、Algesheimer 等[③]、Chiu 等[④]、黄恒奖和张嘉雯[⑤]、周志民和郑雅琴[⑥]等学者的测量量表，得到了以下测量题项。

[①] Mael F., Ashforth B. E., "Alumni and Their Alma Mater: A Partial Test of The Reformulated Model of Organizational Identification", *Journal of Organizational Behavior*, Vol. 13, No. 2, 1992.

[②] Bagozzi R. P., Dholakia U. M., "Antecedents and Purchase Consequences of Customer Participation in Small Group Brand Communities", *International Journal of Research in Marketing*, Vol. 23, No. 1, 2006.

[③] Algesheimer R., et al., "The Social Influence of Brand Community: Evidence From European Car Clubs", *Journal of Marketing*, Vol. 69, No. 4, 2005.

[④] Chiu C. M., et al., "Understanding Knowledge Sharing in Virtual Communities: An Integration of Social Capital and Social Cognitive Theories", *Decision Support Systems*, Vol. 42, No. 3, 2006.

[⑤] 黄恒奖、张嘉雯：《品牌社群之建构：以福斯汽车俱乐部为例》，《台湾—企业绩效学刊》2007 年第 1 期。

[⑥] 周志民、郑雅琴：《从品牌社群认同到品牌忠诚的形成路径研究——中介与调节效应检验》，《深圳大学学报》（人文社会科学版）2011 年第 6 期。

表 4-5　　　　　　　　　社群认同测量题项

变量名	编号	测量题项	来源
社群认同	RT1	我认为我是社群的一分子	Mael 和 Ashforth（1992）、Bagozzi 和 Dholakia（2002，2006）、Algesheime 等（2005）、Chiu 等（2006）、黄恒奖等（2007）、周志民等（2011）等
	RT2	在社群中，我和其他人有共同的目标	
	RT3	和社群成员的互动，对我来说很重要	
	RT4	我对社群有很大的依赖感	
	RT5	我会尽力维护和社群的关系	

3. 用户价值感知

对用户感知价值的衡量，结合本书研究的实际情境，分为社会价值、质量价值、价格价值、体验价值四个维度，主要借鉴了 Sweeney 和 Soutar[①]、邹德强等[②]、刘刚[③]、于春玲等[④]、雷星晖和张伟[⑤]等学者的研究成果，并结合用户访谈进行了措辞上的修改。

表 4-6　　　　　　　　　用户感知价值测量题项

变量名	编号	测量题项	来源
功能价值	GNJZ1	社群提供的产品质量很好	Sweeney 和 Soutar（2001）、王海忠等（2005）、刘刚等（2007）
	GNJZ2	社群提供的产品易于使用	
	GNJZ3	社群产品的功能能有效解决我的问题	
体验价值	TYJZ1	该社群给我带来了很多快乐	Sweeney 和 Soutar（2001）、刘刚等（2007）
	TYJZ2	该社群的整体氛围让我感觉很愉悦	
	TYJZ3	与社群成员的交流，让我感觉充满乐趣	
	TYJZ4	该社群总是能及时处理我的问题和需求，让我感觉舒心	

---

① Sweeney C. J., Soutar N. G., "Consumer Perceived Value: The Development of a Multiple Item Scale", *Journal of Consumer Research*, Vol. 77, No. 2, 2001.
② 邹德强等：《功能性价值和象征性价值对品牌忠诚的影响：性别差异和品牌差异的调节作用》，《南开管理评论》2007 年第 3 期。
③ 刘刚：《顾客感知价值构成型测量模型的构建》，《统计与决策》2007 年第 22 期。
④ 于春玲等：《品牌忠诚驱动因素的区域差异分析》，《中国工业经济》2005 年第 12 期。
⑤ 雷星晖、张伟：《电子商务平台顾客感知价值对购买行为及企业未来销售的影响》，《上海管理科学》2012 年第 4 期。

续表

变量名	编号	测量题项	来源
价格价值	JGJZ1	社群售卖的产品价格便宜	Sweeney 和 Soutar（2001）
	JGJZ2	社群售卖的产品物有所值	
	JGJZ3	社群售卖的产品价格比其他购买渠道更低	
社会价值	SHJZ1	我觉得成为该社群成员可以给别人好印象	Sweeney 和 Soutar（2001）；邹德强等（2007）、刘刚等（2007）
	SHJZ2	该社群的整体形象和我的品位个性很相配	
	SHJZ3	成为该社群的成员与我在别人心中的形象相符	
	SHJZ4	该社群代表着一种鲜明的个性	

4. 用户满意

对于满意的测量大多数研究者们通常是采用总的满意度进行测量，本书亦采取这一方法，对于用户满意的测量采用直接测量的方法，并结合 Lin 和 Wang[①] 的问卷量表与本书研究情境加以适度修改。

表 4-7　　　　　　　　用户满意测量题项

变量名	编号	测量题项	来源
用户满意	CS1	该社群很好地满足了我的需求	Lin 和 Wang（2006）
	CS2	该社群符合了我预先的期望	
	CS3	总体上看，我对该社群非常满意	

5. 社群涉入度

本书研究参考 Mittal[②]、Strazzieri（1994）[③]、王佳[④]等对社群涉入度的测量量表。

---

① Lin H. H., Wang Y. S., "An Examination of the Determinants of Customer Loyalty in Mobile Commerce Contexts", *Information&Management*, Vol. 43, No. 3, 2006.

② Mittal B., "A Comparative Analysis of Four Scales of Involvement", *Psychology and Marketing*, Vol. 12, No. 7, 1995.

③ 转引自郭晓凌《品牌质量差异、消费者产品涉入程度对品牌敏感的影响研究》，《南开管理评论》2007 年第 3 期。

④ 王佳：《认同与忠诚：在线品牌社群社会资本对品牌的作用机制研究》，博士学位论文，武汉大学，2016 年。

表 4-8　　　　　　　　　社群涉入度测量题项

变量名	编号	测量题项	来源
社群涉入度	SRD1	这个社群对我来说很重要	Banwari Mittal（1995）、Strazzieri（1994）、王佳（2016）等
	SRD2	我很关注这个社群	
	SRD3	这个社群已经成为我生活中的一部分	
	SRD4	这个社群对我而言很有意义	

6. 社群绩效

本书研究主要从个人层面进行测量，通过考察社群成员参与社群的行为，对社群绩效进行测量。通过前文的研究，本书将社群用户的购买行为、口碑传播、参与协作行为作为考量和评价社群绩效的指标，并据此设计测量量表，得到如下题项。

表 4-9　　　　　　　　　社群绩效测量题项

变量名	编号	测量题项
社群绩效	JX1	我愿意购买社群提供的内容/产品/服务
	JX2	我经常购买社群中的内容/产品/服务
	JX3	我会向他人推荐这个社群
	JX4	我会向他人推荐社群中的内容/产品/服务
	JX5	我会参加社群组织的各种活动
	JX6	我会向社群反馈内容/产品/服务/活动的使用体验
	JX7	我会向社群提供建设性的意见
	JX8	我愿意与社群中的其他成员一起合作完成社群中的活动或任务

第二节　预调研

在开始正式的调查之前，本书研究首先进行了小范围的预调研，通过收集的数据对初始问卷的信度和效度进行检测，根据数据结果对初始问卷的量表进行修正，最终形成科学合理的正式问卷。

一 预调研概况

预调研的调查对象主要是有参与网络社群的网民,并通过甄别题对调研对象进行了筛选,以确保受访者符合本研究的需要。预调研的问卷是通过问卷星网站自动生成的链接,向调研对象进行发放。预调研共计发放了280份问卷,回收有效问卷205份,问卷的有效回收率为73.2%。

在本次预调研样本中,男性受访者123人,女性受访者82人,男性的百分比为60%,女性的百分比为40%,男性的比例要高于女性;在年龄方面,主要集中在20—29岁、30—39岁,百分比分别为31.2%,33.7%,其次是40—49岁,百分比为24.4%,10—19岁、50岁及以上的人数最少,百分比都在5%左右;教育程度中主要以本科或专科为主,百分比为68.3%,学历为硕士或博士及以上、高中/中专及以下的百分比分别为19.0%和12.7%;税后月收入中5001—8000元的人数最多,百分比为35.6%,其次是3001—5000元、8001—10000元,百分比分别为22.9%和18.5%,职业中主要以一般企管人员、商业工作人员为主,百分比为28.3%、22.0%,其次是企业中高层管理者、专业技术人员、服务性工作人员,百分比都在10%左右。整体来看本次研究以男性居多,学历以本科或者研究生为主,月收入以3001—10000元为主。样本情况统计如表4-10所示。

表4-10　　　　预调研样本基本特征

人口统计特征	类别	样本量(人)	百分比(%)
性别	男	123	60.0
	女	82	40.0
年龄	10—19岁	11	5.4
	20—29岁	64	31.2
	30—39岁	69	33.7
	40—49岁	50	24.4
	50岁及以上	11	5.4

续表

人口统计特征	类别	样本量（人）	百分比（%）
教育程度	高中/中专及以下	26	12.7
	本科或专科	140	68.3
	硕士或博士及以上	39	19.0
税后月收入	3000元及以下	8	3.9
	3001—5000元	47	22.9
	5001—8000元	73	35.6
	8001—10000元	38	18.5
	10001—20000元	19	9.3
	20001—30000元	7	3.4
	30001元以上	13	6.3
职业	企业中高层管理者	28	13.7
	一般企管人员	58	28.3
	工人	3	1.5
	专业技术人员	26	12.7
	商业工作人员	45	22.0
	服务性工作人员	21	10.2
	国家机关干部	8	3.9
	社会团体职员	14	6.8
	教科文卫工作者	2	1.0

二 信度和效度分析

调查问卷的设计是否合理以及问卷的质量高低对最后的研究结果具有决定性的作用，因而，首先需对预调查的数据进行信度和效度分析，以检测问卷的可靠性和有效性。

（一）信度分析

信度（Reliability）即可靠性，信度分析是为了保证问卷的分析结果能够准确稳定并且保持一致，减小随机误差的影响。研究者一般采用克朗巴哈系数（Cronbach's alpha）评价调查问卷的内部一致性。Cronbach's α 系数的取值在 0 和 1 之间，α 系数接近于 1 就表明信度很高，而且该问卷的内部一致性很好，一般认为 Cronbach's α 系数大于 0.70 表示问卷具有高信度，当 Cronbach's α 系数大于 0.8 时表明问卷具有优异的信度。

表 4-11　　　　　　　　　预调研信度分析

量表	题项	删除项后的标度平均值	删除项后的标度方差	修正后的项与总计相关性	删除项后的克朗巴哈 Alpha	克朗巴哈 Alpha
功能价值	GNJZ1	8.1220	6.382	0.583	0.745	0.783
	GNJZ2	7.9366	6.393	0.592	0.737	
	GNJZ3	7.8634	5.020	0.699	0.616	
价格价值	JGJZ1	7.9073	4.722	0.541	0.650	0.722
	JGJZ2	7.9268	5.911	0.526	0.656	
	JGJZ3	7.9415	5.585	0.578	0.596	
体验价值	TYJZ1	12.2927	9.286	0.661	0.510	0.696
	TYJZ2	12.3171	10.767	0.471	0.637	
	TYJZ3	12.1220	10.353	0.524	0.604	
	TYJZ4	12.0878	11.924	0.294	0.746	
社会价值	SHJZ1	11.5756	10.402	0.532	0.726	0.765
	SHJZ2	11.7317	10.217	0.609	0.687	
	SHJZ3	11.4195	9.127	0.610	0.684	
	SHJZ4	11.8390	10.567	0.513	0.735	
用户满意	CS1	7.7463	5.053	0.695	0.682	0.803
	CS2	8.0244	5.818	0.629	0.753	
	CS3	8.0049	5.701	0.628	0.753	
结构性要素	HD1	15.2732	17.954	0.676	0.725	0.796
	HD2	15.7073	18.816	0.630	0.741	
	HD3	15.5268	18.300	0.601	0.749	
	HD4	15.4293	18.011	0.658	0.731	
	HD5	15.4683	21.005	0.349	0.829	

续表

量表	题项	删除项后的标度平均值	删除项后的标度方差	修正后的项与总计相关性	删除项后的克朗巴哈Alpha	克朗巴哈Alpha
关系性要素	XR1	23.6878	45.275	0.636	0.871	0.883
	XR2	23.5756	42.040	0.807	0.848	
	XR3	23.6976	45.947	0.678	0.866	
	XR4	23.6488	43.827	0.633	0.872	
	HH1	23.5805	45.676	0.681	0.865	
	HH2	23.4878	44.751	0.621	0.873	
	HH3	23.7463	45.327	0.659	0.868	
认知性要素	GTYY1	23.7610	39.751	0.656	0.853	0.872
	GTYY2	23.8829	40.290	0.670	0.852	
	GTYY3	23.8146	40.926	0.578	0.863	
	GTYY4	23.8293	41.329	0.596	0.861	
	GTYJ1	23.7024	37.367	0.773	0.836	
	GTYJ2	23.7463	40.896	0.572	0.864	
	GTYJ3	23.8293	38.780	0.705	0.846	
社群认同	RT1	14.8488	18.354	0.720	0.788	0.840
	RT2	14.9951	18.534	0.675	0.800	
	RT3	15.0049	17.564	0.752	0.777	
	RT4	14.7463	20.073	0.529	0.839	
	RT5	14.9805	19.872	0.554	0.832	
社群绩效	JX1	27.1854	47.818	0.652	0.830	0.854
	JX2	27.1463	47.733	0.616	0.834	
	JX3	27.3756	48.745	0.560	0.841	
	JX4	27.3073	49.920	0.602	0.837	
	JX5	27.2537	48.543	0.631	0.833	
	JX6	27.2195	49.211	0.614	0.835	
	JX7	26.9610	48.400	0.532	0.845	
	JX8	27.1659	47.237	0.579	0.839	

续表

量表	题项	删除项后的标度平均值	删除项后的标度方差	修正后的项与总计相关性	删除项后的克朗巴哈Alpha	克朗巴哈Alpha
社群涉入度	SRD1	11.8829	15.084	0.606	0.814	0.833
	SRD2	11.8293	14.799	0.707	0.771	
	SRD3	11.6683	14.193	0.662	0.790	
	SRD4	11.8732	14.582	0.681	0.781	

从表4-11可以看出，体验价值里面的TYJZ4，结构性要素里面的HD5的CITC都小于0.4，因此可以删除，并且删除之后的克朗巴哈Alpha系数都显著升高，因此删除是有效的，此外其他量表的信度都大于0.7，因此本书研究设计的问卷量表都具有优异的信度。

（二）效度分析

效度（Validity）即问卷的有效性，效度的大小是反映问卷有效性的重要指标，检测问卷题目的设置能够有效地反映出研究者想要测量的变量特征。本书研究采用因子分析的方法对问卷的效度进行检验，做因子分析之前，首先要确定问卷中测量题项的数据是否适合做因子分析，对此一般采用的是KMO（Kaiser-Meyer-Olkin measure）检测和巴特利特球形检验（Bartlett Test of Sphericity），对于KMO以及巴特利特球形检验的标准，大多数研究者们认为，如果问卷KMO值大于0.7，P值小于0.05，则问卷适合做因子分析。如果被测变量通过了KMO检测和巴特利特球形检验，将进一步运用主成分分析法做探索性因子分析，在这一过程中，对提取的公共因子用最大方差法进行旋转，在得到的因子矩阵中进行筛选，只保留因子载荷大于0.5的选项。

1. 用户感知价值

从表4-12感知价值量表探索性因子分析可以看出：量表的KMO值为0.820，大于0.7，P值为0.000，结果表明该量表适合做因子分析。采用主成分分析法，凯撒正态化最大方差法进行因子旋转，按照特征值大于1共提取了4个公因子，这4个公因子对总方差的累计解释量为68.799%，并且每个题目的因子负荷均大于0.5，没有出现跨因子负荷（Cross Loading）现象，表示每一个题目都能很好地描述其对应的维度。

表4-12　　　　　　　用户感知价值探索性因子分析

量表	题目	成分			
		1	2	3	4
功能价值	GNJZ1			0.854	
	GNJZ2			0.692	
	GNJZ3			0.783	
价格价值	JGJZ1	0.734			
	JGJZ2	0.809			
	JGJZ3	0.727			
体验价值	TYJZ1				0.812
	TYJZ2				0.657
	TYJZ3				0.808
社会价值	SHJZ1		0.773		
	SHJZ2		0.620		
	SHJZ3		0.748		
	SHJZ4		0.721		
初始特征值		4.707	1.842	1.280	1.114
旋转载荷平方和	总计	2.385	2.351	2.183	2.025
	方差百分比	18.347	18.081	16.794	15.578
	累计百分比	18.347	36.427	53.221	68.799
KMO取样适切性量数		0.820			
巴特利特球形检验	显著性	0.000			

2. 用户满意

从表4-13可以看出用户满意量表的KMO值为0.702，$P<0.001$，结果表明该量表适合做因子分析。采用主成分分析法，凯

撒正态化最大方差法进行因子旋转，按照特征值大于 1 共提取了 1 个公因子，该公因子共解释了总方差的 71.774% 的变异量，并且每个项目的因子负荷均大于 0.5。

表 4-13　　　　　　　用户满意度探索性因子分析

量表	题目	成分
		1
用户满意	CS1	0.875
	CS2	0.833
	CS3	0.833
初始特征值	总计	2.153
	方差百分比	71.774
	累计百分比	71.774
KMO 取样适切性量数		0.702
巴特利特球形检验	显著性	0.000

3. 社群社会资本

从表 4-14 可以看出社群社会资本量表的 KMO 值为 0.908，大于 0.7，P 值为 0.000，低于 0.05，结果表明该量表适合做因子分析。采用主成分分析法，凯撒正态化最大方差法进行因子旋转，按照特征值大于 1 共提取了 3 个公因子，这 3 个公因子对总方差的累计解释量为 62.604%，并且每个题目的因子负荷均大于 0.5，没有出现跨因子负荷（Cross Loading）现象，表示每一个题目都能很好地描述其对应的维度。

表 4-14　　　　　　　社群社会资本探索性因子分析

量表	题目	成分		
		1	2	3
结构性要素	HD1			0.795
	HD2			0.791
	HD3			0.620
	HD4			0.808

续表

量表	题目	成分		
		1	2	3
关系性要素	XR1	0.750		
	XR2	0.830		
	XR3	0.644		
	XR4	0.551		
	HH1	0.797		
	HH2	0.572		
	HH3	0.771		
认知性要素	GTYY1		0.785	
	GTYY2		0.634	
	GTYY3		0.558	
	GTYY4		0.671	
	GTYJ1		0.836	
	GTYJ2		0.697	
	GTYJ3		0.811	
初始特征值		7.297	2.556	1.415
旋转载荷平方和	总计	4.262	4.050	2.956
	方差百分比	23.679	22.502	16.423
	累计百分比	23.679	46.181	62.604
KMO 取样适切性量数		0.908		
巴特利特球形检验	显著性	0.000		

4. 社群认同

从表 4-15 可以看出社群认同量表的 KMO 值为 0.842，P＜0.001，结果表明该量表适合做因子分析。采用主成分分析法，凯撒正态化最大方差法进行因子旋转，按照特征值大于 1 的因子提取了 1 个公因子，该公因子共解释了总方差的 61.441% 的变异量，并且每个项目的因子负荷均大于 0.5。

表 4-15　　　　　　　　社群认同探索性因子分析

量表	题目	成分
		1
社群认同	RT1	0.842
	RT2	0.811
	RT3	0.862
	RT4	0.681
	RT5	0.707
初始特征值	总计	3.072
	方差百分比	61.441
	累计百分比	61.441
KMO 取样适切性量数		0.842
巴特利特球形检验	显著性	0.000

5. 社群绩效

从表 4-16 可以看出社群绩效量表的 KMO 值为 0.888，$P < 0.001$，结果表明该量表适合做因子分析。采用主成分分析法，凯撒正态化最大方差法进行因子旋转，按照特征值大于 1 共提取了 1 个公因子，该公因子共解释了总方差 50.010% 的变异量，并且每个项目的因子负荷均大于 0.5。

表 4-16　　　　　　　　社群绩效探索性因子分析

量表	题目	成分
		1
社群绩效	JX1	0.755
	JX2	0.723
	JX3	0.682
	JX4	0.713
	JX5	0.737
	JX6	0.719
	JX7	0.640
	JX8	0.684

◆ 社群经济商业模式及其影响因素研究

续表

量表	题目	成分
		1
初始特征值	总计	4.001
	方差百分比	50.010
	累计百分比	50.010
KMO 取样适切性量数		0.888
巴特利特球形检验	显著性	0.000

6. 社群涉入度

从表4-17可以看出社群涉入度量表的KMO值为0.801，P<0.001，结果表明该量表适合做因子分析。采用主成分分析法，凯撒正态化最大方差法进行因子旋转，按照特征值大于1共提取了1个公因子，该公因子共解释了总方差66.880%的变异量，并且每个项目的因子负荷均大于0.5，得到了社群涉入度量表的1个维度共4个题目的因子结构。

表 4-17 社群涉入度探索性因子分析

量表	题目	成分
		1
社群涉入度	SRD1	0.771
	SRD2	0.849
	SRD3	0.815
	SRD4	0.833
初始特征值	总计	2.675
	方差百分比	66.880
	累计百分比	66.880
KMO 取样适切性量数		0.801
巴特利特球形检验	显著性	0.000

通过对预调研样本的数据分析，本书研究对问卷的信度和效度进行了检验，对于不符合要求的测量题项予以删除，同时基于受调

查对象的反馈对个别题项的表述方式进行了调整，最终形成了本书研究的正式问卷（见附录）。

第三节 正式问卷的发放与数据收集

一 调研对象的确定

本书的研究对象为网络社群成员，因此，在样本选择上主要参照 2018 年 1 月中国互联网络信息中心发布的第 41 次《中国互联网络发展状况统计报告》中"网民结构"数据，以"年龄结构"作为抽样标准。报告数据显示：截至 2017 年 12 月，10—19 岁群体占整体网民的 19.6%，20—29 岁群体占整体网民的 30.0%，30—39 岁群体占整体网民的 23.5%，40—49 岁群体占整体网民的 13.2%，合计 10—49 岁群体占整体网民的 86.3%。由此确定本书研究样本为 10—49 岁中国网民。

本书研究的主题是用户感知价值、社群社会资本对社群经济的影响研究，通过社群成员的感知评价对用户感知价值与社群社会资本进行测量，因而，在样本选择时还需要考察调查对象是否为某一网络社群成员，只要被调查者注册过某个网络社交论坛，或是关注过微信公众号、小程序，或是加入过某个 QQ 群、微信群等，才可视为本书研究的研究对象。同时，本书研究主要针对具有商业属性的社群，纯用于情感、工作交流的社群不在本书研究的范畴之内。本书研究在正式的问卷中通过甄别题以及问卷说明的方式对调查对象进行筛选，以保证本次调研的科学性。

二 问卷发放与筛选

本书研究对正式问卷的发放与收集主要通过两种渠道：一是通过专业调研"问卷星"中的付费样本服务收集问卷，问卷星是一个专业的问卷调查在线平台，拥有 260 万样本库成员，通过付费样本服务可以进行有效样本筛选，以保证样本质量。为了确保问卷的填写质量，研究者在问卷星的"安全及权限"中进行了防重复填写的设置，同一 IP 地址、同一手机/电脑不得重复填写问卷。二是采用滚雪球抽样，通过身边的朋友、同学进行扩散。

对回收回来的问卷，由研究者通过人工排除筛选出符合要求的样本。由于问卷的测量题项较多，因而，填写时间低于 180 秒的问卷视为无效问卷。另外，大面积选择同一答案、未通过甄别题测试的问卷都视为无效问卷。本书研究对正式问卷进行调查回收，总共回收问卷 683 份，其中通过问卷星获得 240 份，通过滚雪球方式获得 443 份，总共获得有效问卷 542 份，有效率为 79.4%。

第四节　本章小结

本章主要对调查问卷的设计、预调研的相关结果以及调研对象、正式问卷的发放与回收情况进行了阐述。首先，对问卷设计的步骤以及问卷内容的设计进行了阐述。根据以往研究者已有的成熟量表对相关变量设计测量题项，对研究所涉及的 11 个变量的测量题项及其依据进行了交代，其中，社群绩效的量表为自行开发量表。其次，对预调研回收的问卷进行信度、效度检验。对回收的 205 份有效问卷进行信度分析及探索性因子分析，并根据信度和效度检验的数据结果对问卷量表进行修订，最终形成本研究的正式问卷。最后，介绍了正式调研的调研对象、问卷的发放渠道以及问卷回收、处理的情况。

第五章

数据分析与结果

本章将运用 AMOS22.0 和 SPSS22.0 统计软件对大样本数据进行处理，对本书研究的理论模型及研究假设进行检验。数据分析结果主要包含以下方面的内容：①对样本人口统计特征进行描述；②对本书研究测量量表的信度和效度进行检验，采用验证性因子分析的方法验证观察变量与潜变量之间的关系；③对本书研究所提出的理论模型进行结构方程模型检验，检验结构模型的拟合情况；④对社群涉入度的调节效应进行检验；⑤根据实证研究的数据对研究结果进行分析与讨论。

第一节 样本人口统计特征

在正式调研中，性别中男性受访者 284 人，女性受访者 258 人，男性的百分比为 52.4%，女性的百分比为 47.6%，男性的比例略高于女性；在年龄方面，主要集中在 20—29 岁、30—39 岁，百分比分别为 35.2%、35.6%，其次是 40—49 岁，百分比为 19.9%，10—19 岁、50 岁及以上的人数最少，百分比都在 5% 左右；教育程度中主要以本科或专科为主，百分比为 71.6%，学历为硕士或博士及以上、高中/中专及以下的百分比最低，分别为 17.9% 和 10.5%；税后月收入中 5001—8000 元的人数最多，百分比为 37.8%，其次是 3001—5000 元、8001—10000 元，百分比分别为 24.0% 和 16.8%，职业中主要以一般企管人员、商业工作人员为主，百分比分别为 27.7%、21.8%，其次是企业中高层管理者、专业技术人员、服务性工作人员，百分比都在 10%—20%。整体来看本次研究以 10—49 岁年龄者为主，以本科或专科学历居多，月收入多集中在 3001—10000 元。

表 5-1　　正式调研样本基本特征

人口统计特征	类别	样本数量（人）	百分比（%）
性别	男	284	52.4
	女	258	47.6
年龄	10—19 岁	25	4.6
	20—29 岁	191	35.2
	30—39 岁	193	35.6
	40—49 岁	108	19.9
	50 岁及以上	25	4.6
教育程度	高中/中专及以下	57	10.5
	本科或专科	388	71.6
	硕士或博士及以上	97	17.9
税后月收入	3000 元及以下	17	3.1
	3001—5000 元	130	24.0
	5001—8000 元	205	37.8
	8001—10000 元	91	16.8
	10001—20000 元	46	8.5
	20001—30000 元	21	3.9
	30001 元以上	32	5.9
职业	企业中高层管理者	56	10.3
	一般企管人员	150	27.7
	工人	12	2.2
	专业技术人员	86	15.9
	商业工作人员	118	21.8

续表

人口统计特征	类别	样本数量（人）	百分比（%）
职业	服务性工作人员	55	10.1
	国家机关干部	17	3.1
	社会团体职员	40	7.4
	教科文卫工作者	8	1.5

第二节 样本数据的质量分析

一 信度分析

信度分析反映的是概念测量的可靠性程度，它能表现出测量结果的一致性和稳定性。一般多以内部一致性来加以表示该测验信度的高低。本书研究使用 SPSS 22.0 软件对本书研究所使用的量表的 Cronbach's α 系数和校正的题项—总分相关性系数（Corrected Item-Total Correlation，CICT）进行测量，测量标准是 α 系数大于 0.7，CICT 系数大于 0.5。具体结果如表 5-2 所示。

表 5-2　　　　　正式调研各变量的信度分析

变量名称	项目	删除项目后的标度平均值	删除项目后的标度方差	校正后项目与总分相关性 CICT	项目删除后的 Cronbach's α	Cronbach's α
功能价值	GNJZ 1	8.14	7.45	0.68	0.80	0.84
	GNJZ 2	8.01	7.03	0.73	0.75	
	GNJZ 3	7.89	6.56	0.70	0.78	
价格价值	JGJZ 1	8.07	5.59	0.67	0.75	0.81
	JGJZ 2	8.10	6.37	0.67	0.74	
	JGJZ 3	8.17	6.43	0.68	0.74	
体验价值	TYJZ 1	7.95	6.57	0.67	0.77	0.82
	TYJZ 2	8.00	6.36	0.68	0.75	
	TYJZ 3	7.85	6.55	0.68	0.75	

续表

变量名称	项目	删除项目后的标度平均值	删除项目后的标度方差	校正后项目与总分相关性 CICT	项目删除后的 Cronbach's α	Cronbach's α
社会价值	SHJZ 1	11.76	10.86	0.67	0.75	0.82
	SHJZ 2	11.90	11.42	0.64	0.77	
	SHJZ 3	11.69	10.32	0.69	0.74	
	SHJZ 4	11.95	11.58	0.55	0.81	
用户感知价值						0.81
用户满意	CS 1	7.80	5.67	0.67	0.73	0.81
	CS 2	8.06	5.95	0.68	0.73	
	CS 3	8.07	6.18	0.64	0.77	
结构性要素	HD 1	11.77	12.17	0.72	0.77	0.84
	HD 2	12.10	12.70	0.66	0.80	
	HD 3	11.97	12.50	0.69	0.78	
	HD 4	11.92	13.41	0.60	0.82	
关系性要素	XR 1	24.04	44.86	0.70	0.88	0.89
	XR 2	23.89	42.42	0.81	0.86	
	XR 3	24.00	47.05	0.65	0.88	
	XR 4	24.00	45.68	0.68	0.88	
	HH 1	23.84	47.16	0.63	0.89	
	HH 2	23.85	43.98	0.73	0.87	
	HH 3	24.02	46.17	0.65	0.88	
认知性要素	GTYY 1	24.06	44.37	0.67	0.88	0.89
	GTYY 2	24.30	44.87	0.69	0.88	
	GTYY 3	24.22	43.47	0.74	0.87	
	GTYY 4	24.11	45.83	0.60	0.89	
	GTYJ 1	24.02	42.23	0.79	0.86	
	GTYJ 2	24.17	45.15	0.62	0.89	
	GTYJ 3	24.18	43.89	0.72	0.87	
社会资本						0.89
社群认同	RT 1	15.43	20.60	0.69	0.83	0.86
	RT 2	15.51	20.19	0.68	0.83	

续表

变量名称	项目	删除项目后的标度平均值	删除项目后的标度方差	校正后项目与总分相关性 CICT	项目删除后的 Cronbach's α	Cronbach's α
社群认同	RT 3	15.50	18.91	0.78	0.81	0.86
	RT 4	15.33	21.22	0.56	0.86	
	RT 5	15.49	19.97	0.70	0.83	
社群绩效	JX 1	27.53	58.40	0.74	0.89	0.91
	JX 2	27.48	58.78	0.72	0.89	
	JX 3	27.64	59.66	0.61	0.90	
	JX 4	27.66	58.82	0.67	0.90	
	JX 5	27.54	58.24	0.66	0.90	
	JX 6	27.54	57.82	0.72	0.89	
	JX 7	27.41	55.35	0.76	0.89	
	JX 8	27.55	56.20	0.74	0.89	
社群涉入度	SRD1	11.92	15.01	0.70	0.83	0.87
	SRD2	11.99	14.93	0.76	0.81	
	SRD3	11.84	14.08	0.72	0.83	
	SRD4	12.01	15.12	0.68	0.84	

由表 5-2 可以看出，功能价值、价格价值、体验价值和社会价值这四个价值的总量表的 Cronbach's α 分别为 0.84、0.81、0.82、0.82，均大于 0.70；并且这四个量表的各项目的 CICT 均大于 0.5，因此功能价值、价格价值、体验价值和社会价值这四个量表的信度满足信度要求。这四个量表的总量表——用户感知价值量表的 Cronbach's α＝0.81。

结构性要素、关系性要素和认知性要素这三个量表的 Cronbach's α 分别为 0.84、0.89、0.89，均大于 0.70，并且这三个量表的各项目的 CICT 均大于 0.50，因此结构性要素、关系性要素和认知性要素这三个量表的信度均满足信度要求。这四个分量表的总量表——社会资本量表的 Cronbach's α＝0.89。

用户满意、社群绩效、社群认同和社群涉入度这四个量表的 Cronbach's α 分别为 0.81、0.91、0.86、0.87，均大于 0.70，并且这四个量表的各项目的 CICT 均大于 0.50，因此用户满意、社群绩效、社群认同和社群涉入度这四个量表的信度均满足信度要求。

二 效度分析

效度反映的是测量工具的有效性，考察测量工具是否能正确测量出被试的心理、行为特质的能力。由于研究所使用的量表均为国内使用过的，因此本书研究采用验证性因素分析的方法去检验结构效度，其中验证性因素分析主要验证数据与理论模型的拟合程度。此外，研究还检验了变量的收敛效度。收敛效度反映的是测量潜变量题项值的相关度。具体参考标准为：①各潜变量测量题项的标准因子载荷量大于 0.50，并达到统计显著水平；②平均方差抽取量（AVE）高于 0.5；③组合信度（CR）大于 0.7。其中，AVE 评价了测量题项对于测量误差而言所解释的方差总量。

本书研究采用 Amos 22.0 等相关软件进行验证性因子分析和收敛效度的测量。

（一）用户感知价值的验证性因素分析和收敛效度

用户感知价值量表包含四个维度：功能价值、价格价值、体验价值和社会价值，为了方便验证这四个价值对用户满意的影响，因此，在验证性因素分析阶段，研究采用一阶模型的形式来考察其结构效度，具体结果如表 5-3 所示。

表 5-3　用户感知的验证性因素分析结果

		χ^2	df	χ^2/df	IFI	TLI	NFI	CFI	RMSEA
标准模型的相关指标				<5	>0.9	>0.9	>0.9	>0.9	<0.08
用户感知价值	初始模型	60.824	59	1.031	0.999	0.999	0.978	0.999	0.008
	修正模型	—	—	—	—	—	—	—	—

由表5-3可知，用户感知价值的一阶模型的模型拟合度较好，完全满足标准模型的相关指标，因此未进行模型修正。图5-1为用户感知价值的模型拟合。

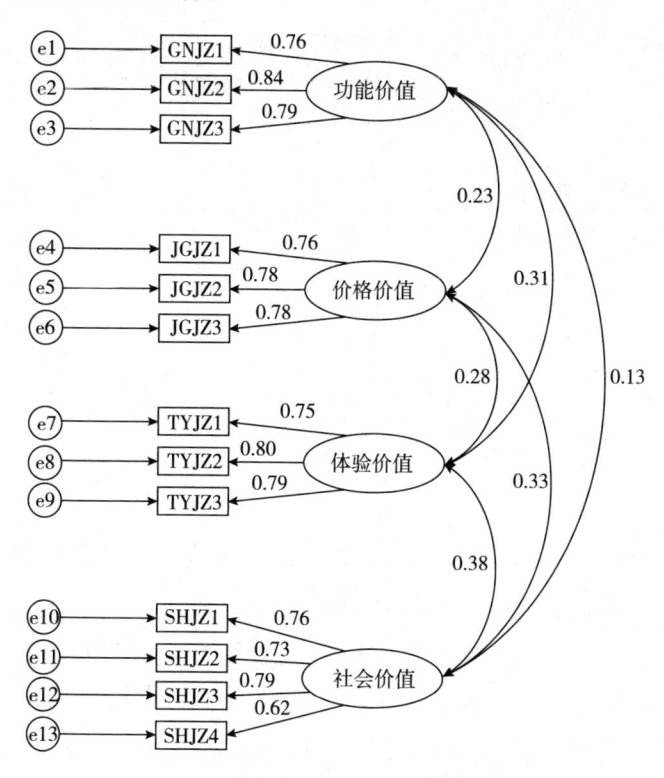

图 5-1 用户感知价值的模型拟合

由表5-3和图5-1可知，用户感知价值的初始模型图较好，即验证性因素分析表明用户感知价值的结构效度达标。因此，本书研究接下来进行收敛效度的检验，具体如表5-4所示。

表 5-4　　　　用户感知价值的收敛效度检验

			标准化因子载荷	S.E.	C.R.	p	CR	AVE
GNJZ3	<---	功能价值	0.79					
GNJZ2	<---	功能价值	0.84	0.05	17.81	***	0.84	0.64
GNJZ1	<---	功能价值	0.76	0.05	17.06	***		

续表

			标准化因子载荷	S.E.	C.R.	p	CR	AVE
JGJZ3	<---	价格价值	0.78					
JGJZ2	<---	价格价值	0.78	0.06	15.86	***	0.82	0.60
JGJZ1	<---	价格价值	0.76	0.07	15.76	***		
SHJZ4	<---	社会价值	0.62					
SHJZ3	<---	社会价值	0.79	0.10	13.68	***		
SHJZ2	<---	社会价值	0.74	0.08	13.12	***	0.82	0.53
SHJZ1	<---	社会价值	0.76	0.09	13.40	***		
TYJZ3	<---	体验价值	0.79					
TYJZ2	<---	体验价值	0.80	0.06	16.60	***	0.82	0.61
TYJZ1	<---	体验价值	0.75	0.06	16.13	***		

注：*$p<0.05$，**$p<0.01$，***$p<0.001$。下同。

由表 5-4 可知，用户感知价值的四个分维度：功能价值、价格价值、社会价值和体验价值的标准化因子负荷均在 0.60 以上，高于 0.50 的标准，且每个因子均达到显著性水平（$p<0.001$）。其次这四个维度的 AVE 值分别为 0.64、0.60、0.53、0.61，均达到 0.50 的标准。这四个维度的组合信度 CR 分别为 0.84、0.82、0.82 和 0.82，均达到吴明隆提出的 0.70 的标准。

综上所述，用户感知价值量表不仅具有良好的模型拟合指数（结构效度）还具有良好的收敛效度，即用户感知价值量表效度较好。

（二）社会资本的验证性因素分析和收敛效度分析

社会资本量表包含结构性要素、关系性要素和认知性要素三个维度，为了方便验证这三个要素对社群认同的影响，因此，在验证性因素分析阶段，研究采用一阶模型的形式来考察其结构效度，具体结果如表 5-5 所示。

表 5-5　　社会资本的验证性因素分析结果

		χ^2	df	χ^2/df	IFI	TLI	NFI	CFI	RMSEA
标准模型的相关指标				<5	>0.9	>0.9	>0.9	>0.9	<0.08
社会资本	初始模型	160.194	132	1.214	0.994	0.993	0.967	0.994	0.020
	修正模型	—	—	—	—	—	—	—	—

由表 5-5 可知，社会资本的一阶模型的模型拟合度较好，完全满足标准模型的相关指标，因此未进行模型修正。图 5-2 为社会资本的模型拟合。

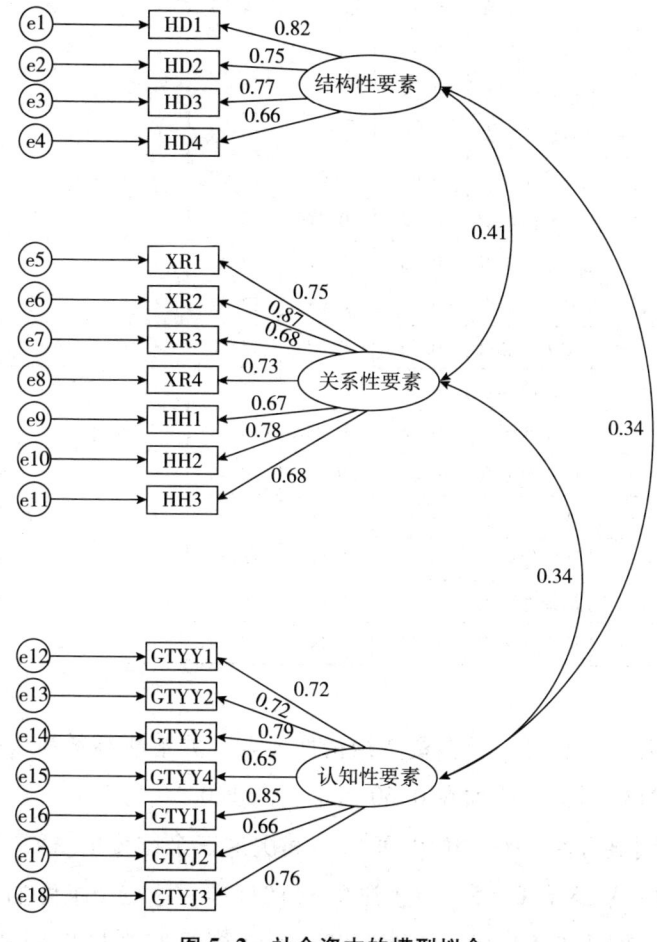

图 5-2　社会资本的模型拟合

由表 5-5 和图 5-2 显示,社会资本的一阶模型拟合完全满足测量学的标准,即社会资本的结构效度良好。因此,研究接下来分析社会资本的收敛效度是否也满足标准,具体结果如表 5-6 所示。

表 5-6　　　　　　　　社会资本的收敛效度检验

			标准化因子载荷	S.E.	C.R.	p	CR	AVE
HD4	<---	结构性要素	0.66					
HD3	<---	结构性要素	0.77	0.08	14.69	***	0.84	0.57
HD2	<---	结构性要素	0.75	0.08	14.35	***		
HD1	<---	结构性要素	0.82	0.08	15.16	***		
HH3	<---	关系性要素	0.68					
HH2	<---	关系性要素	0.78	0.07	16.28	***		
HH1	<---	关系性要素	0.67	0.07	14.29	***		
XR4	<---	关系性要素	0.73	0.07	15.34	***	0.89	0.55
XR3	<---	关系性要素	0.68	0.07	14.47	***		
XR2	<---	关系性要素	0.87	0.08	17.92	***		
XR1	<---	关系性要素	0.75	0.07	15.70	***		
GTYJ3	<---	认知性要素	0.76					
GTYJ2	<---	认知性要素	0.66	0.06	15.51	***		
GTYJ1	<---	认知性要素	0.85	0.06	20.43	***		
GTYY4	<---	认知性要素	0.65	0.06	15.17	***	0.89	0.55
GTYY3	<---	认知性要素	0.79	0.06	18.87	***		
GTYY2	<---	认知性要素	0.72	0.05	16.99	***		
GTYY1	<---	认知性要素	0.72	0.06	17.08	***		

由表 5-6 可知,社会资本结构性要素、关系性要素和认知性要素的标准化因子负荷均在 0.60 以上,高于 0.50 的标准,且每个因子均达到显著性水平($p<0.001$)。其次这三个维度的 AVE 值分别为 0.57、0.55 和 0.55,均达到 0.50 的标准。这三个维度的组合信度 CR 分别为 0.84、0.89 和 0.89,均达到吴明隆提出的 0.70 的

标准。

综上所述，社会资本量表不仅具有良好的模型拟合指数（结构效度）还具有良好的收敛效度，即社会资本量表效度较好。

（三）用户满意的验证性因素分析和收敛效度分析

用户满意量表仅包含3个项目，因此，在验证性因素分析阶段，研究采用一阶模型的形式来考察其结构效度，具体结果如表5-7所示。

表5-7 用户满意的验证性因素分析结果

		χ^2	df	χ^2/df	IFI	TLI	NFI	CFI	RMSEA
标准模型的相关指标				<5	>0.9	>0.9	>0.9	>0.9	<0.08
用户满意	初始模型	0.000	0	—	1.000	—	1.000	1.000	0.580
	修正模型	0.431	1	0.431	1.001	1.003	0.999	1.000	0.000

由表5-7可知，用户满意的初始模型为饱和模型，由于模型的自由度为0，因此，模型未给出相关指标。但通过再限定一条路径系数为1，得出了可识别模型，具体指标见图5-3的修正模型，结果发现，修正后的模型各个指标均满足标准模型的条件。

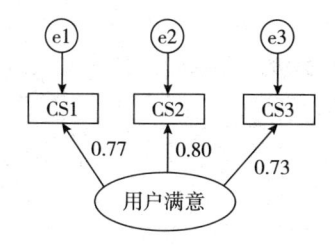

图5-3 用户满意的修正模型

由表5-7和图5-3可知，用户满意的验证性因素分析的结果较好，满足标准模型的各项条件，因此，用户满意度的模型是可以接受的。接下来，本书研究进一步进行用户满意的收敛效度检验，具体结果如表5-8所示。

表 5-8　　　　　　　　用户满意的收敛效度检验

			标准化因子载荷	S.E.	C.R.	p	CR	AVE
CS1	<---	用户满意	0.78				0.81	0.59
CS2	<---	用户满意	0.80					
CS3	<---	用户满意	0.73	0.05	17.23	***		

表5-8给出了用户满意度修正后的因子负荷,可以发现这三个项目的因子负荷均在0.70以上,高于0.50的标准,且每个因子均达到显著性水平($p<0.001$)。用户满意的AVE值为0.59,达到0.50的标准。用户满意量表的组合信度CR为0.81,达到吴明隆提出的0.70的标准。

综上所述,用户满意量表不仅具有良好的模型拟合指数(结构效度)还具有良好的收敛效度,即用户满意量表效度较好。

(四) 社群绩效的验证性因素分析和收敛效度分析

社群绩效量表包含8个项目,为单维量表,因此,在验证性因素分析部分,社群绩效量表采用一阶模型进行模型拟合分析。具体结果如表5-9所示。

表 5-9　　　　　　　　社群绩效的验证性因素分析结果

		χ^2	df	χ^2/df	IFI	TLI	NFI	CFI	RMSEA
标准模型的相关指标				<5	>0.9	>0.9	>0.9	>0.9	<0.08
社群绩效	初始模型	41.269	20	2.063	0.991	0.987	0.982	0.991	0.044
	修正模型	—	—	—	—	—	—	—	—

由表5-9可知,社群绩效的初始模型的各项指标均满足标准模型的条件,模型可以被接受,因此,未进行模型的修正,图5-4为社群绩效的初始模型。

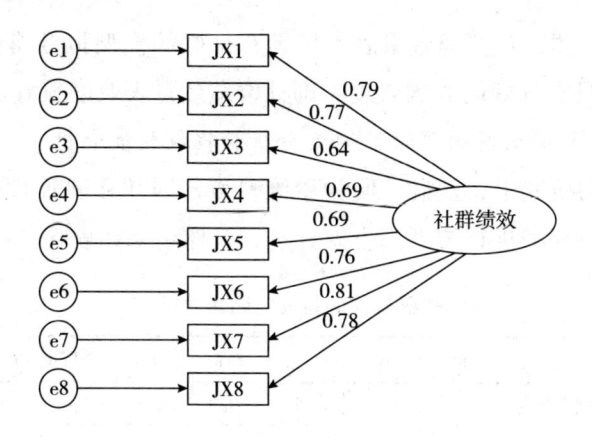

```
 e1 →  JX1 ← 0.79
 e2 →  JX2 ← 0.77
 e3 →  JX3 ← 0.64
 e4 →  JX4 ← 0.69         社群绩效
 e5 →  JX5 ← 0.69
 e6 →  JX6 ← 0.76
 e7 →  JX7 ← 0.81
 e8 →  JX8 ← 0.78
```

图 5-4　社群绩效的初始模型

由表 5-9 和图 5-4 可知，社群绩效的初始模型的模型拟合度较好，完全满足标准模型的指标。这说明社群绩效的结构效度良好。

为了进一步观察社群绩效是否具有良好的收敛效度，研究进行了收敛效度检验，具体结果如表 5-10 所示。

表 5-10　　　　　　社群绩效的收敛效度分析

			标准化因子载荷	S. E.	C. R.	p	CR	AVE
JX8	<---	社群绩效	0.78					
JX7	<---	社群绩效	0.82	0.05	20.38	***		
JX6	<---	社群绩效	0.77	0.05	18.86	***		
JX5	<---	社群绩效	0.69	0.05	16.61	***	0.91	0.56
JX4	<---	社群绩效	0.69	0.05	16.61	***		
JX3	<---	社群绩效	0.64	0.05	15.14	***		
JX2	<---	社群绩效	0.77	0.05	19.05	***		
JX1	<---	社群绩效	0.79	0.05	19.49	***		

由表 5-10 可知，社群绩效的 8 个项目的标准化因子负荷均达到 0.60 以上，满足 0.50 的标准且每个因子均达到显著性水平（p<0.001）。其次社群绩效的 AVE 值为 0.56，达到 0.50 的标准。最后社群绩效量表的组合信度 CR 为 0.91，达到吴明隆提出的 0.70 的标准。

综上所述，社群绩效量表不仅具有良好的模型拟合指数（结构效度）还具有良好的收敛效度，即社群绩效量表效度较好。

（五）社群认同的验证性因素分析和收敛效度分析

在本书研究中，社群认同为单维量表，因此在验证性分析的时候采用一阶模型进行模型拟合度分析，具体结果如表5-11所示。

表5-11　　　　　　社群认同的验证性因素分析

		χ^2	df	χ^2/df	IFI	TLI	NFI	CFI	RMSEA
标准模型的相关指标				<5	>0.9	>0.9	>0.9	>0.9	<0.08
社群认同	初始模型	27.032	5	5.406	0.982	0.964	0.978	0.982	0.090
	修正模型	17.197	4	4.299	0.989	0.973	0.986	0.989	0.078

由表5-11可知，社群认同的初始模型中χ^2/df、RMSEA略高于标准模型的指标，但总体而言模型处于尚可接受的范围。一旦进行模型修正后，模型会变得更好。因此，根据模型修正指数，进行部分残差的限定，结果发现，修正后的社群认同各个指标完全满足标准模型的相关指数。即修正后的社群认同的拟合指数较好。图5-5给出了社群认同的修正模型。

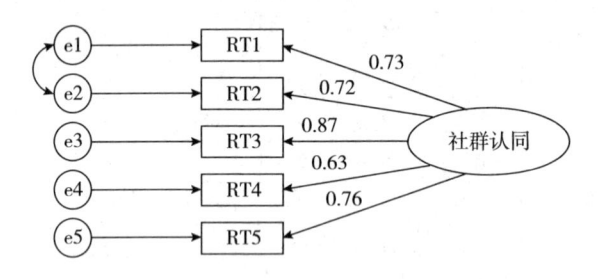

图5-5　社群认同的修正模型

由表5-11和图5-5可知，社群认同的修正模型图的拟合指数较好，且因子负荷均达到0.50以上，因此，修正后的社群认同的结构效度良好。

为了进一步检验社群认同的收敛效度是否良好，本书研究进一步进行了社群认同的收敛效度检验，具体结果如表5-12所示。

表 5-12 社群认同的收敛效度检验

			标准化因子载荷	S.E.	C.R.	p	CR	AVE
RT5	<---	社群认同	0.76					
RT4	<---	社群认同	0.63	0.06	14.17	***		
RT3	<---	社群认同	0.87	0.06	19.51	***	0.86	0.56
RT2	<---	社群认同	0.72	0.06	16.34	***		
RT1	<---	社群认同	0.73	0.06	16.49	***		

由表 5-12 可知，社群认同的 5 个项目的标准化因子负荷均达到 0.60 以上，满足 0.50 的标准且每个因子均达到显著性水平（$p<0.001$）。其次社群认同的 AVE 值为 0.56，达到 0.50 的标准。最后社群认同量表的组合信度 CR 为 0.86，达到吴明隆提出的 0.70 的标准。

综上所述，社群认同量表不仅具有良好的模型拟合指数（结构效度）还具有良好的收敛效度，即社群认同量表效度较好。

（六）社群涉入度的验证性因素分析和收敛效度分析

在本书研究中，社群涉入度为单维量表，因此在验证性因素分析部分，该量表采用一阶模型的形式验证模型的拟合度，具体结果如表 5-13 所示。

表 5-13 社群涉入度的验证性因素分析结果

		χ^2	df	χ^2/df	IFI	TLI	NFI	CFI	RMSEA
标准模型的相关指标				<5	>0.9	>0.9	>0.9	>0.9	<0.08
社群涉入度	初始模型	0.875	2	0.438	1.001	1.003	0.999	1.000	0.000
	修正模型	—	—	—	—	—	—	—	—

由表 5-13 可知，社群涉入度的初始模型拟合较好，各个指标均满足标准模型指标。因此，未进行模型修正。图 5-6 为社群涉入度的初始模型。

◇ 社群经济商业模式及其影响因素研究

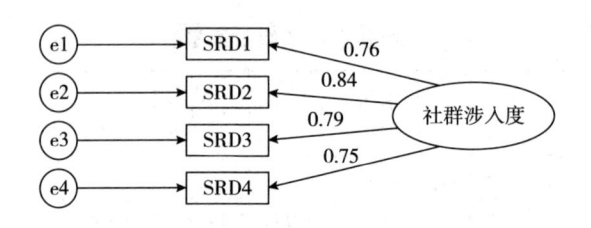

```
e1 → SRD1 ← 0.76
e2 → SRD2 ← 0.84    社群涉入度
e3 → SRD3 ← 0.79
e4 → SRD4 ← 0.75
```

图 5-6　社群涉入度的初始模型

由表 5-13 和图 5-6 可知，社群涉入度的初始模型的模型拟合度较好，满足各项标准，且各个项目的因子负荷均达到 0.50 的标准，因此社群涉入度的结构效度良好。

为了进一步检验社群涉入度的收敛效度是否良好，本书研究进一步进行了社群涉入度的收敛效度分析，具体结果如表 5-14 所示。

表 5-14　　　　　　社群涉入度的收敛效度分析

			标准化因子载荷	S.E.	C.R.	p	CR	AVE
SRD4	<---	社群涉入度	0.75					
SRD3	<---	社群涉入度	0.79	0.07	17.62	***	0.87	0.62
SRD2	<---	社群涉入度	0.84	0.06	18.48	***		
SRD1	<---	社群涉入度	0.76	0.06	16.99	***		

由表 5-14 可知，社群涉入度的四个项目的因子负荷分别为 0.75、0.79、0.84 和 0.76，均大于 0.50 且所有因子负荷均达到显著性水平（$p<0.001$）。社群涉入度的 AVE 值为 0.62，达到 0.50 的标准。社群涉入度量表的组合信度 CR 为 0.87，达到吴明隆提出的 0.70 的标准。

以上数据表明，社群涉入度量表不仅具有良好的模型拟合指数（结构效度）还具有良好的收敛效度，即社群认同量表效度较好。

综上所述，结合信效度分析，发现用户感知价值的总量表信效度良好，其四个维度功能价值、价格价值、体验价值和社会价值的

表 5-15　变量的相关分析

	1	2	3	4	5	6	7	8	9	10
1 功能价值	—									
2 价格价值	0.20***	—								
3 体验价值	0.25***	0.23***	—							
4 社会价值	0.13**	0.28***	0.32***	—						
5 结构性要素	0.21***	0.31***	0.23***	0.35***	—					
6 关系性要素	0.17***	0.27***	0.32***	0.35***	0.35***	—				
7 认知性要素	0.19***	0.28***	0.30***	0.28***	0.30***	0.31***	—			
8 用户满意	0.33***	0.25***	0.45***	0.42***	0.24***	0.24***	0.23***	—		
9 社群绩效	0.21***	0.18***	0.24***	0.26***	0.17***	0.27***	0.24***	0.43***	—	
10 社群认同	0.20***	0.27***	0.31***	0.38**	0.39***	0.48***	0.41***	0.44***	0.47***	—
11 社群涉入度	0.08	0.08	0.08	0.06	0.07	0.09*	0.11***	0.05	0.19***	0.05

信效度也满足条件,即满足测量学的标准。社会资本的总量表的信效度良好,其三个维度结构性要素、关系性要素和认知性要素的信效度也满足条件,满足测量学的标准。用户满意、社群绩效、社群认同和社群涉入度四个量表的信效度良好,也满足测量学的相关标准,可以为后续的研究使用。

(七)相关分析

研究采用 pearson 积差相关计算各变量之间的相关,具体结果如表 5-15 所示。

由表 5-15 可知,社群涉入度只与关系性要素、认知性要素和社群认同之间存在显著相关($rs=0.09—0.19$,$ps<0.05$),与剩余变量不存在相关($ps>0.05$)。除了社群涉入度外,其余功能价值、价格价值、体验价值、社会价值、结构性要素、关系性要素、认知性要素、用户满意、社群绩效和社群认同这 10 个变量,两两之间存在显著的正相关($rs=0.13—0.48$,$ps<0.01$)。研究变量之间的显著相关性适合进行接下来的结构方程模型检验。

综合信效度和相关分析等多个方面,本书研究已达到结构方程模型的基本要求。

第三节 结构方程模型检验

传统的回归分析检验较为烦琐,且一次性只能检验其中一个自变量,对于本书研究所涉及多个自变量的检验,本书研究采用结构方程模型对多个变量之间的关系进行检验,主要包括:用户感知价值的四个维度对用户满意的影响,社会资本三个维度对社群认同的影响,用户满意分别对社群绩效和社群认同的作用,社群认同对社群绩效的影响。通过结构方程模型不仅可以知道变量之间的关系,还可以了解建构的模型是否符合标准。图 5-7 给出了本书研究的理论模型。

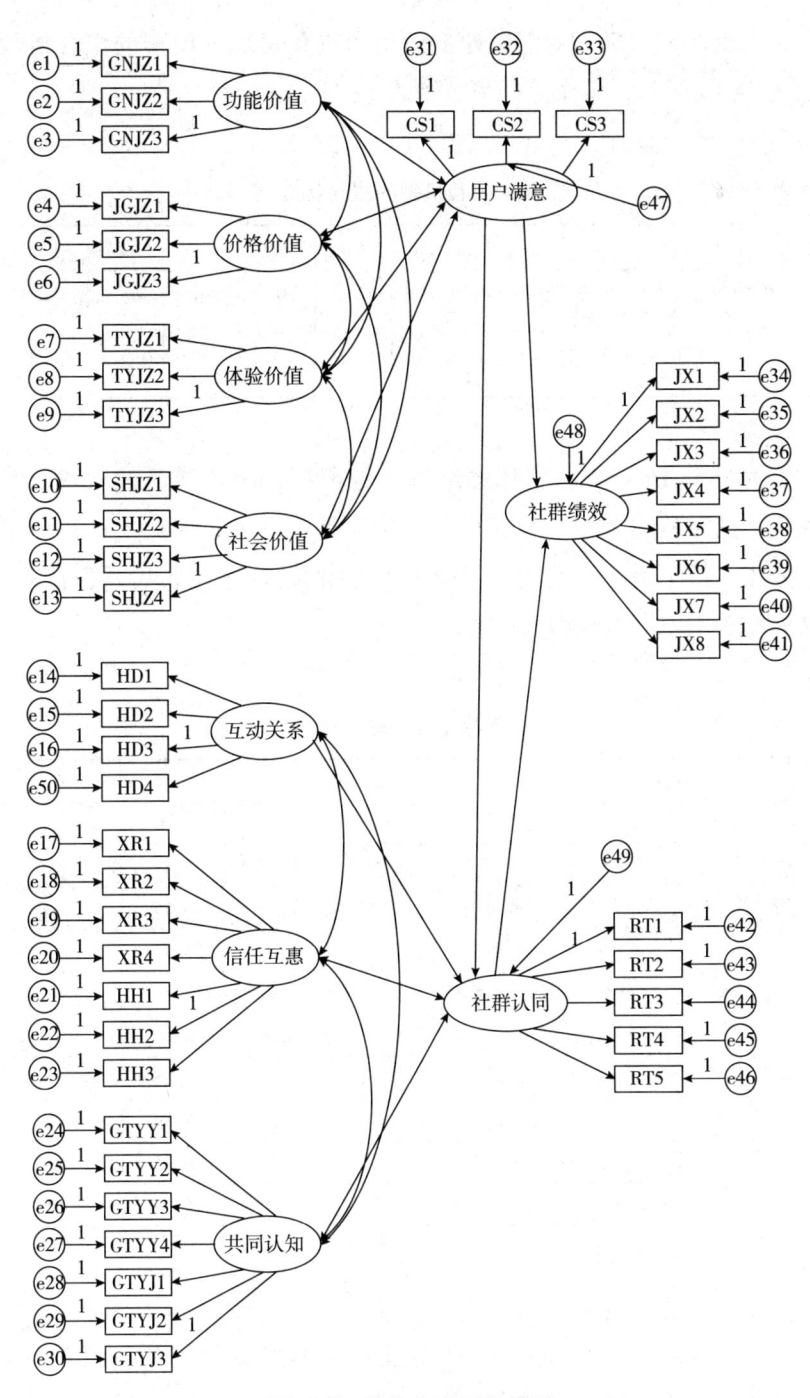

图 5-7 结构方程理论模型

采用 Amos 22.0 对上述理论模型图进行检验,模型的拟合指数如表 5-16 所示,各个路径系数如表 5-17 所示。

表 5-16　　　　　　　　结构方程模型的拟合指数

		χ^2	df	χ^2/df	IFI	TLI	NFI	CFI	RMSEA
标准模型的相关指标				<5	>0.9	>0.9	>0.9	>0.9	<0.08
结构方程模型	初始模型	1335.835	1015	1.316	0.974	0.972	0.900	0.974	0.024

由表 5-16 可知,整体的结构方程模型处于可接受的状态,说明整体的结构方程模型拟合较好,构建是合理的,因此未进行模型的修正。接下来,研究进一步观察图中的每条路径系数是否显著,从而检验本书研究的部分假设。

表 5-17　　　　　　　　初始路径系数分析

			β	S.E.	t	P
用户满意	<---	功能价值	0.24	0.04	5.04	***
用户满意	<---	价格价值	0.06	0.05	1.14	0.256
用户满意	<---	体验价值	0.33	0.05	6.17	***
用户满意	<---	社会价值	0.33	0.07	6.13	***
社群认同	<---	结构性要素	0.15	0.04	3.14	0.002
社群认同	<---	关系性要素	0.29	0.05	5.90	***
社群认同	<---	认知性要素	0.24	0.04	5.26	***
社群认同	<---	用户满意	0.37	0.04	7.89	***
社群绩效	<---	用户满意	0.32	0.05	6.34	***
社群绩效	<---	社群认同	0.34	0.05	6.85	***

由表 5-17 可知,功能价值对用户满意的正向影响显著(β=0.24,t=5.04,p<0.001),即功能价值越高,用户的满意越高。价格价值对用户满意的正向影响不显著(β=0.06,t=1.14,p>

0.05）。体验价值对用户满意的正向影响显著（$\beta=0.33$，$t=6.17$，$p<0.001$），即体验价值越高，用户满意越高。社会价值对用户满意的正向影响显著（$\beta=0.33$，$t=6.13$，$p<0.001$），即社会价值越高，用户越满意。

社会资本中的结构性要素对社群认同的正向影响作用显著（$\beta=0.15$，$t=3.14$，$p<0.01$），即社会资本中的结构性要素越好，越能对社群产生认同。社会资本中的关系性要素对社群认同的正向影响作用显著（$\beta=0.29$，$t=5.90$，$p<0.001$），即社会资本中的关系性要素越好，越能对社群产生认同。社会资本中的认知性要素对社群认同的正向影响作用显著（$\beta=0.24$，$t=5.26$，$p<0.001$），即社会资本中的认知性要素越好，越能对社群产生认同。

用户满意对社群认同的正向影响作用显著（$\beta=0.37$，$t=7.89$，$p<0.001$），即用户越满意，越容易产生社群认同。用户满意对社群绩效的正向影响作用显著（$\beta=0.32$，$t=6.34$，$p<0.001$），即用户越满意，越容易增加社群绩效。社群认同对社群绩效的正向作用显著（$\beta=0.34$，$t=6.85$，$p<0.001$），即被试者的社群认同水平越高，其社群绩效越高。由此可以推断，社群认同可能在用户满意和社群绩效之间起到中介作用。其中介效应量为$0.37\times0.34=0.13$。图5-8为初始模型图中的系数。

由表5-17可知，假设H2不显著，因此，在模型修正部分，删除了该条路径，删除后的模型拟合度如表5-18所示。

表5-18　　　　修正后的结构方程模型拟合指数

		χ^2	df	χ^2/df	IFI	TLI	NFI	CFI	RMSEA
标准模型的相关指标				<5	>0.9	>0.9	>0.9	>0.9	<0.08
结构方程模型	修正模型	1337.115	1016	1.316	0.974	0.972	0.900	0.974	0.024

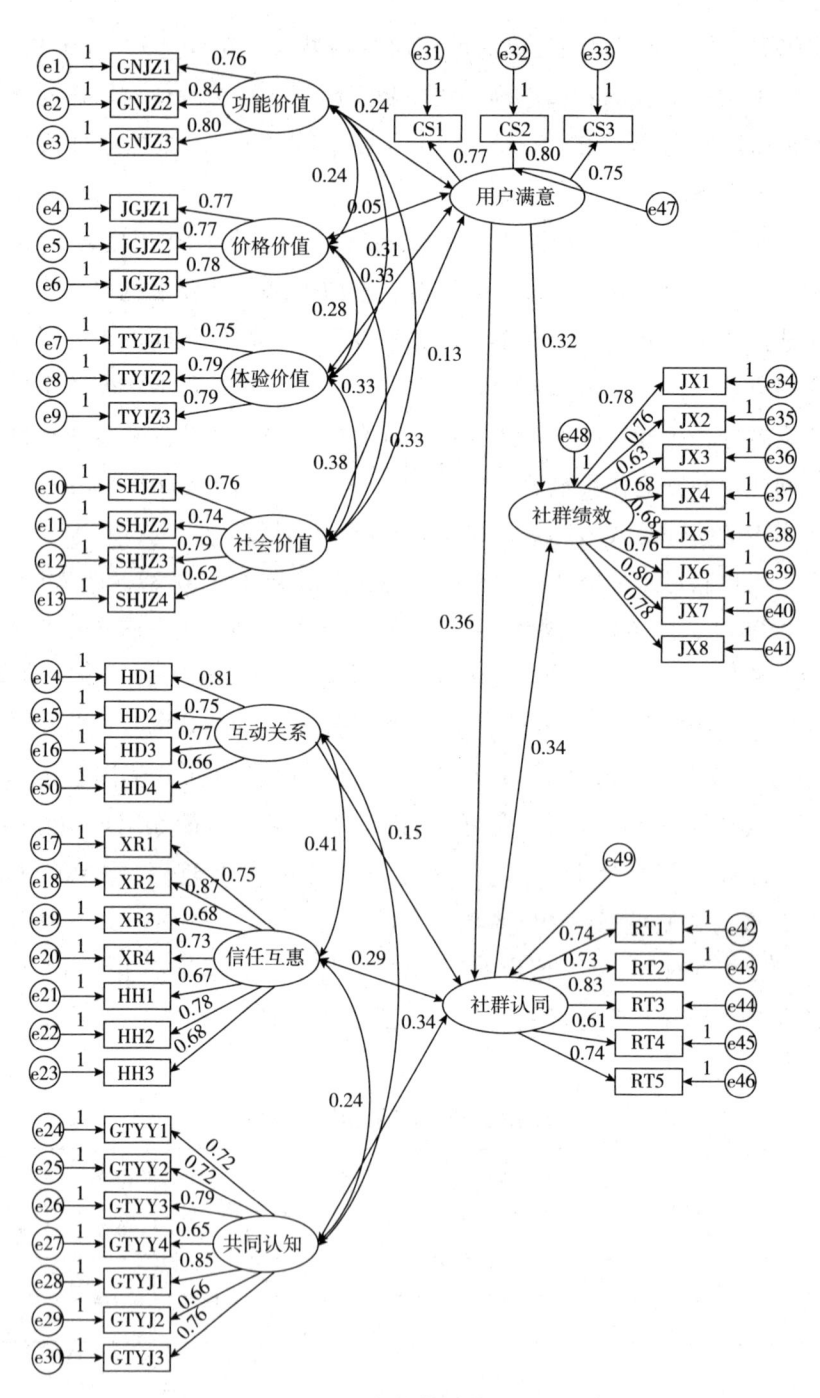

图 5-8　初始模型的系数

由表5-18可知，修正后的结构方程模型拟合指数也满足标准模型的相关指标，模型拟合指数良好，说明研究修正后构建的模型是合理的。

删除"价格价值—用户满意"路径后的结果如表5-19所示。

表5-19　　　　　　　　　修正后的模型路径系数

			β	S.E.	t	P
用户满意	<---	功能价值	0.25	0.04	5.31	***
用户满意	<---	体验价值	0.34	0.05	6.33	***
用户满意	<---	社会价值	0.35	0.07	6.59	***
社群认同	<---	结构性要素	0.15	0.04	3.15	0.002
社群认同	<---	关系性要素	0.29	0.05	5.91	***
社群认同	<---	认知性要素	0.25	0.04	5.27	***
社群认同	<---	用户满意	0.36	0.04	7.88	***
社群绩效	<---	用户满意	0.32	0.05	6.34	***
社群绩效	<---	社群认同	0.34	0.05	6.87	***

由表5-19可知，功能价值对用户满意的正向影响显著（$\beta=0.25$，$t=5.31$，$p<0.001$），即功能价值越高，用户的满意度越高。体验价值对用户满意的正向影响显著（$\beta=0.34$，$t=6.33$，$p<0.001$），即体验价值越高，用户满意度越高。社会价值对用户满意的正向影响显著（$\beta=0.35$，$t=6.59$，$p<0.001$），即社会价值越高，用户越满意。

社会资本中的结构性要素对社群认同的正向影响作用显著（$\beta=0.15$，$t=3.15$，$p<0.01$），即社会资本中的结构性要素越好，越能对社群产生认同。社会资本中的关系性要素对社群认同的正向影响作用显著（$\beta=0.29$，$t=5.91$，$p<0.001$），即社会资本中的关系性要素越好，越能对社群产生认同。社会资本中的认知性要素对社群认同的正向影响作用显著（$\beta=0.25$，$t=5.27$，$p<0.001$），即社会资本中的认知性要素越好，越能对社群产生认同。

用户满意对社群认同的正向影响作用显著（β=0.36，t=7.88，p<0.001），即用户越满意，越容易产生社群认同。用户满意对社群绩效的正向影响作用显著（β=0.32，t=6.34，p<0.001），即用户越满意，越容易增加社群绩效。社群认同对社群绩效的正向作用显著（β=0.34，t=6.87，p<0.001），即被试的社群认同水平越高，其社群绩效越高。由此，可以推断，社群认同可能在用户满意和社群绩效之间起到中介作用。其中介效应量为 0.36×0.34=0.12。采用 Bootstrap=5000 进行中介效应检验，结果发现其95%的置信区间为 [0.098, 0.165]，该区间内不包含0，因此，说明社群认同在用户满意和社群绩效之间的中介作用是存在的。

由此可知，修正后的结构方程模型（删除"价格价值—用户满意的路径"），结果发现剩余的路径均显著（ps<0.01），即除了 H2，H1、H3、H4、H5、H7、H8、H9、H10、H11、H13 均得到了验证。

随后，进一步检验用户感知价值与社群绩效、社群社会资本与社群绩效之间的关系，以及用户满意、社群认同在其中的中介作用。

（1）用户感知价值对社群绩效的直接影响。在构建结构方程模型之前，对测量模型进行相关的检验。其中用户感知价值包含4个维度：功能价值、价格价值、体验价值和社会价值，因此，将这四个维度作为用户感知价值的四个观察变量。而社群绩效只取均分，按照显变量进行处理。

验证性因素分析结果显示：χ^2/df=2.675，NFI=0.943，CFI=0.963，IFI=0.963，TLI=0.925，$RMSEA$=0.056。结果显示初始结构方程模型拟合指数较好。具体模型如图5-9所示。

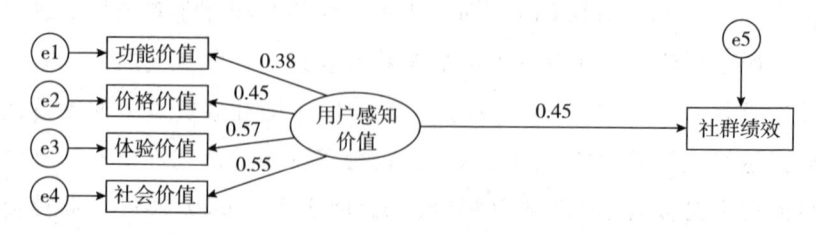

图 5-9 用户感知价值对社群绩效的直接作用模型

此时，用户感知价值可以显著地正向影响社群绩效（β=0.45，t=6.41，p<0.001）。

（2）用户满意的中介效应分析。在图 5-9 的基础上，加入中介变量——用户满意，采用 Amos 22.0 统计软件进行建模分析。验证性因素分析结果为：χ^2/df=2.569，NFI=0.959，CFI=0.974，IFI=0.975，TLI=0.952，$RMSEA$=0.054。结果显示，加入中介变量后该中介模型的拟合指数良好，符合相关模型指标。

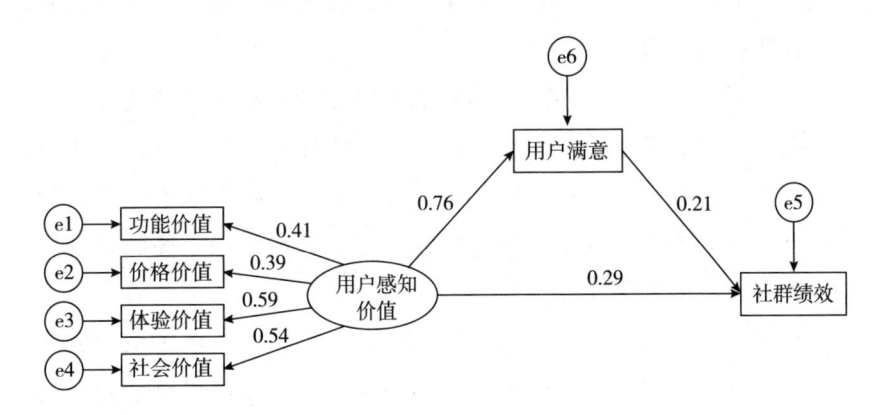

图 5-10　用户满意在用户感知价值与社群绩效之间的中介效应

表 5-20 给出了该中介模型图的路径分析系数。

表 5-20　　　　　　　　用户满意的中介系数

因变量		自变量	B	SE	β	t	p
用户满意	<---	用户感知价值	1.51	0.16	0.76	9.36	***
社群绩效	<---	用户感知价值	0.54	0.20	0.29	2.76	0.006
社群绩效	<---	用户满意	0.19	0.08	0.21	2.36	0.019

由表 5-20 可知，用户感知价值仍可以影响社群绩效（β=0.29，t=2.76，p<0.01）。用户感知价值可以显著地正向影响用户满意（β=0.76，t=9.36，p<0.001）；用户满意可以显著地正向影

响社群绩效（β=0.21，t=2.36，p<0.05）。由此，可以推断用户满意可能在用户感知价值与社群绩效之间存在中介作用，其中介效应量为0.16。为了进一步考察用户满意的中介效应是否存在，研究采用Bootstrap=5000进行中介效应检验，发现其95%的置信区间为[0.008，0.539]。该区间不包含0，因此说明用户满意在用户感知价值与社群绩效之间的中介效应是存在的。

综上所述，用户满意在用户感知价值与社群绩效之间起到中介作用。即假设H6："用户满意在用户感知价值与社群绩效之间具有中介作用"得以证实。

（3）社群社会资本对社群绩效的直接影响。在构建结构方程模型之前，对测量模型进行相关的检验。其中社群社会资本包含3个维度：互动关系、信任互惠和共同认知，因此，将这三个维度作为社群社会资本的三个观察变量。而社群绩效只取均分，按照显变量进行处理。结果如图3-1所示。

验证性因素分析结果显示：$\chi^2/df=2.276$，$NFI=0.978$，$CFI=0.988$，$IFI=0.988$，$TLI=0.963$，$RMSEA=0.049$。结果显示初始结构方程模型拟合指数较好。具体模型如图5-11所示。

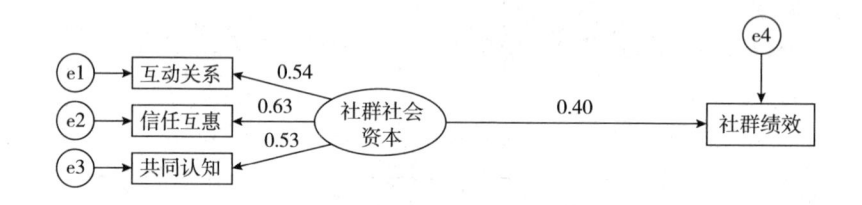

图5-11 社群社会资本对社群绩效的直接作用模型

此时，社群社会资本可以显著地正向影响社群绩效（β=0.40，t=6.01，p<0.001）。

（4）社群认同的中介效应分析。在图5-11的基础上，加入中介变量——社群认同，采用Amos 22.0统计软件进行建模分析。验证性因素分析结果为：$\chi^2/df=1.182$，$NFI=0.991$，$CFI=0.999$，

$IFI = 0.999$，$TLI = 0.996$，$RMSEA = 0.018$。结果显示，加入中介变量后该中介模型的拟合指数良好，符合相关模型指标。

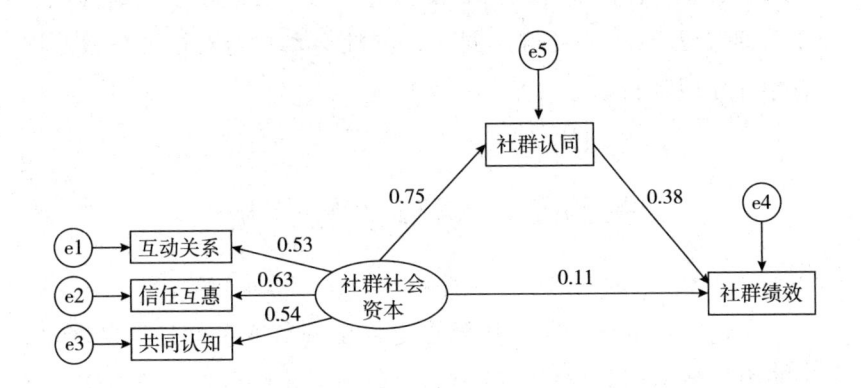

图 5-12　社群认同在社群社会资本与社群绩效之间的中介效应

表 5-21 给出了该中介模型图的路径分析系数。

表 5-21　　　　　　　　社群认同的中介系数

因变量		自变量	B	SE	β	t	p
社群认同	<---	社群社会资本	1.41	0.15	0.75	9.51	***
社群绩效	<---	社群认同	0.37	0.08	0.38	4.75	***
社群绩效	<---	社群社会资本	0.21	0.17	0.11	1.19	0.23

由表 5-21 可知，加入中介变量后，社群社会资本对社群绩效的效应不显著（$β = 0.11$，$t = 1.19$，$p > 0.05$）。社群社会资本可以显著地正向影响社群认同（$β = 0.75$，$t = 9.51$，$p < 0.001$）；社群认同可以显著地正向影响社群绩效（$β = 0.38$，$t = 4.75$，$p < 0.001$）。由此，可以推断社群认同可能在社群社会资本与社群绩效之间存在中介作用，其中介效应量为 0.29。为了进一步考察社群认同的中介效应是否存在，研究采用 Bootstrap = 5000 进行中介效应检验，发现其 95% 的置信区间为 [0.308，0.821]。该区间

不包含 0，因此说明社群认同在社群社会资本与社群绩效之间的中介效应是存在的。

综上所述，社群认同在社群社会资本与社群绩效之间起到中介作用。即假设 H12："社群认同在社群社会资本与对社群绩效之间具有中介作用"得以证实。

第四节　调节效应分析

在做调节效应分析时，如果自变量和调节变量都是尺度变量，则要将自变量和调节变量进行中心化处理，计算出交互项的值，再进行层次回归分析。在本书中，用户满意度、社群认同和社群涉入度均是尺度变量，因此，相对用户满意、社群认同和社群涉入度进行中心化处理后，再将社群涉入度与用户满意度、社群认同 2 个变量两两相乘，得到交互项的值，以进行回归分析。具体研究模型如图 5-9 所示。

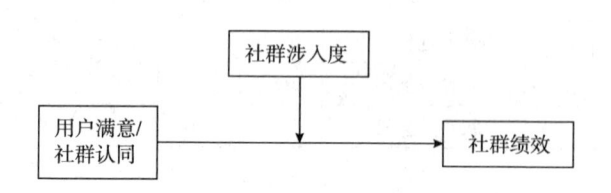

图 5-13　调节效应研究模型

一　社群涉入度在用户满意和社群绩效之间的调节效应分析

采用 SPSS 中分层回归的方法，验证用户满意与社群绩效之间，社群涉入度的调节效应。其中用户满意为自变量，社群绩效为因变量，社群涉入度为调节变量。研究控制了性别、年龄、教育程度、月收入和职业等人口学变量。具体的分析结果如表 5-22 所示。

表5-22 社群涉入度在用户满意和社群绩效之间的调节效应分析

	方程1（因变量：社群绩效）				方程2（因变量：社群绩效）			
	B	SE	β	t	B	SE	β	t
性别	-0.15	0.10	-0.07	-1.55	-0.18	0.09	-0.08	-1.92
年龄	-0.10	0.06	-0.09	-1.74	-0.10	0.06	-0.09	-1.87
教育程度	0.26	0.10	0.13	2.59*	0.20	0.09	0.10	2.13*
月收入	0.01	0.03	0.01	0.20	-0.02	0.03	-0.02	-0.50
职业	0.03	0.02	0.05	1.27	0.02	0.02	0.05	1.13
用户满意	0.39	0.04	0.42	10.93***	0.38	0.03	0.41	11.27***
社群涉入度					0.14	0.03	0.16	4.21***
int1					0.19	0.03	0.27	7.28***
$Adj. R^2$	0.19				0.29			
F	22.07***				28.11***			

注：int1=用户满意度×社群涉入度。

通过变量的共线性检验，发现本研究的VIF<1.9，因此，研究变量之间不存在严重的共线性。由表5-22可知，在方程1中性别、年龄、月收入、教育程度、职业和用户满意共解释社群绩效19%的变异量，此时，用户满意对社群绩效的正向影响作用显著（$\beta=0.42$，$t=10.93$，$p<0.001$），即用户越满意，他们的社群绩效越高。在方程2中，除了5个人口学变量外，用户满意、社群涉入度和int1共解释社群绩效29%的变异量。此时用户满意度对社群绩效的正向影响作用显著（$\beta=0.41$，$t=11.27$，$p<0.001$），即用户越满意，他们的社群绩效越高。社群涉入度对社群绩效的正向影响作用显著（$\beta=0.16$，$t=4.21$，$p<0.001$），即社群涉入度越高，社群绩效越高。用户满意度与社群涉入度对社群绩效的交互作用显著（$\beta=0.27$，$t=7.28$，$p<0.001$），即社群涉入度在用户满意和社群绩效之间起到调节作用。

为了进一步观察社群涉入度的调节作用是如何发挥的，本书研究进行了进一步的调节效应检验。以社群涉入度的平均值加（减）

一个标准差为基准划分为社群涉入度的高低组,然后进行简单斜率分析(见图5-14)。结果发现,当社群涉入度处于较高水平时,用户满意对社群绩效的正向影响显著(simple slope=0.57,t=13.48,$p<0.001$)。当社群涉入度处于较低水平时,用户满意对社群绩效的正向影响仍然显著(simple slope=0.38,t=11.27,$p<0.001$)。从图5-14中可以看出,无论社群涉入度是否处于高水平,只要存在社群涉入度,社群绩效都会随着用户满意的增加而增加。

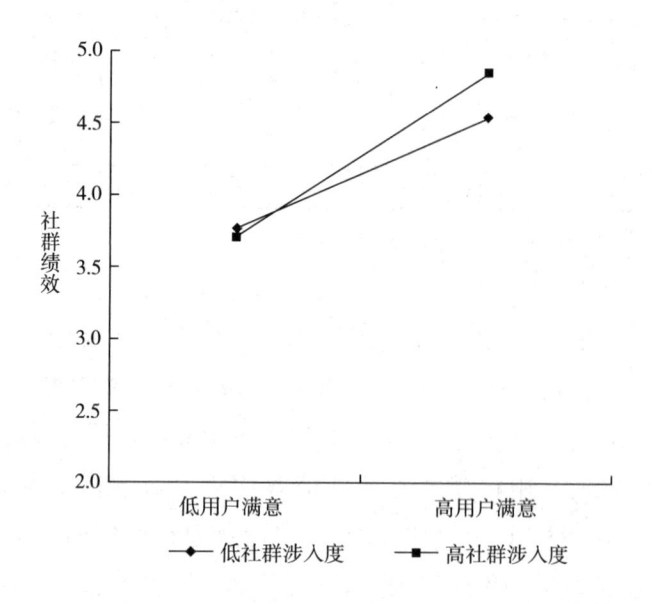

图5-14 社群涉入度在用户满意与社群绩效之间的调节效应分析

二 社群涉入度在社群认同和社群绩效之间的调节效应分析

采用SPSS中分层回归的方法,验证社群认同与社群绩效关系中社群涉入度起到的调节效应。其中社群认同为自变量,社群绩效为因变量,社群涉入度为调节变量。研究控制了性别、年龄、教育程度、月收入和职业等人口学变量。具体的分析结果如表5-23所示。

表 5-23 社群涉入度在社群认同和社群绩效之间的调节效应分析

	方程 1（因变量：社群绩效）				方程 2（因变量：社群绩效）			
	B	SE	β	t	B	SE	β	t
性别	-0.17	0.10	-0.08	-1.76	-0.20	0.09	-0.09	-2.17*
年龄	-0.10	0.06	-0.09	-1.69	-0.13	0.06	-0.11	-2.29*
教育程度	0.23	0.10	0.11	2.34*	0.24	0.10	0.12	2.48*
月收入	0.03	0.03	0.04	1.00	0.02	0.03	0.02	0.53
职业	0.04	0.02	0.07	1.63	0.03	0.02	0.06	1.40
社群认同	0.45	0.04	0.46	12.18***	0.43	0.04	0.44	12.04***
社群涉入度					0.14	0.03	0.16	4.17***
int2					0.17	0.03	0.21	5.78***
Adj. R^2	0.22				0.29			
F	26.98***				28.65***			

注：int2＝社群认同×社群涉入度。

通过变量的共线性检验，发现本书研究的 VIF<1.9，因此，研究变量之间不存在严重的共线性。由表 5-23 可知，在方程 1 中性别、年龄、月收入、教育程度、职业和社群认同共解释社群绩效 22% 的变异量，此时，社群认同对社群绩效的正向影响作用显著（β＝0.46，t＝12.18，p<0.001），即社群认同程度越高，他们的社群绩效越高。在方程 2 中性别、年龄、教育程度、月收入、职业、社群认同、社群涉入度和（社群认同×社群涉入度）共解释社群绩效 29% 的变异量。此时社群认同对社群绩效的正向影响作用显著（β＝0.44，t＝12.04，p<0.001），即社群认同程度越高，他们的社群绩效越高。社群涉入度对社群绩效的正向影响作用显著（β＝0.16，t＝4.17，p<0.001），即社群涉入度越高，社群绩效越高。社群认同与社群涉入度对社群绩效的交互作用显著（β＝0.21，t＝5.78，p<0.001），即社群涉入度在社群认同和社群绩效之间起到调节作用。

为了进一步观察社群涉入度的调节作用是如何发挥的，本书研究进行了进一步的调节效应检验。以社群涉入度的平均值加（减）

一个标准差为基准划分为社群涉入度的高低组，然后进行简单斜率分析（见图5-15）。结果发现，当社群涉入度处于较高水平时，社群认同对社群绩效的正向影响显著（simple slope=0.60，t=13.36，p<0.001）。当社群涉入度处于较低水平时，社群认同对社群绩效的正向影响仍然显著（simple slope=0.43，t=12.04，p<0.001）。从图中可以看出，无论社群涉入度是否处于高水平，只要存在社群涉入度，社群绩效都会随着社群认同的增加而增加。

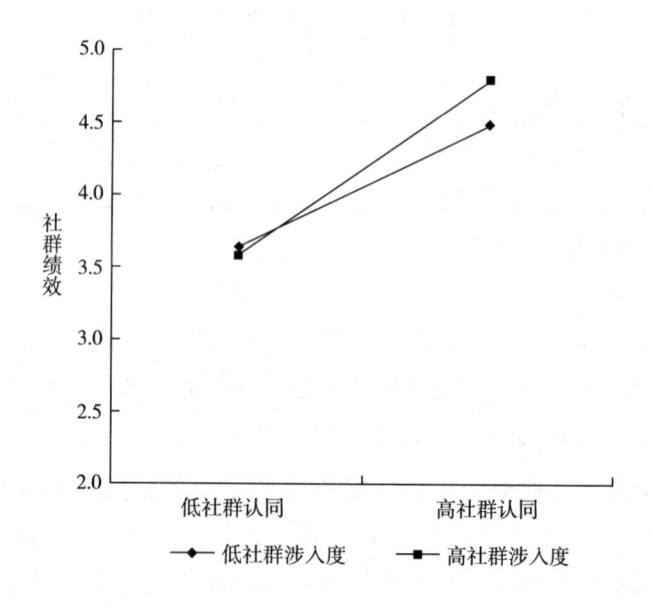

图5-15 社群涉入度在社群认同与社群绩效之间的调节效应分析

综上所述，由两个调节效应分析发现社群涉入度分别在用户满意与社群绩效之间、社群认同与社群绩效之间存在调节作用。即假设H11"社群涉入度对用户满意、社群认同与社群绩效之间的关系起调节作用"得以证实。

梳理本书研究的分析过程和结果发现，本书研究提出的13条假设，除H2未得到证实，其余假设均得到了验证，具体结果如表5-24所示。

表 5-24　　　　　　　研究假设的检验结果

序号	假设	是否得到验证
H1	功能价值正向影响用户满意	是
H2	价格价值正向影响用户满意	否
H3	体验价值正向影响用户满意	是
H4	社会价值正向影响用户满意	是
H5	用户满意对社群绩效有正向影响作用	是
H6	用户满意在用户感知价值与社群绩效之间具有中介作用	是
H7	用户满意对社群认同有正向影响作用	是
H8	社会资本结构性要素对社群认同具有正向影响	是
H9	社会资本关系性要素对社群认同具有正向影响	是
H10	社会资本认知性要素对社群认同具有正向影响	是
H11	社群认同对社群绩效有正向影响作用	是
H12	社群认同在社群社会资本与社群绩效之间具有中介作用	是
H13	社群涉入度对用户满意与社群绩效、社群认同与社群绩效之间的关系起调节作用	是

第五节　研究结果讨论

通过以上数据分析的结果，我们可以得到如下结论。

第一，用户感知价值构成中的功能价值、体验价值、社会价值对用户满意有正向影响作用。

实证数据显示，功能价值、体验价值、社会价值对用户满意的标准化路径系数分别为 0.25、0.34、0.35，说明功能价值、体验价值、社会价值对用户满意有显著正向影响。用户对于社群产品的需求是包含多个层面的，既需要满足功能方面的需求，又需要满足在情感体验、社会形象方面的需求。体验价值、社会价值对用户满意的影响系数要高于功能价值，这说明互联网时代用户对于附着于产品之上的情感需求甚至要高于功能需求。但价格价值对用户满意的影响微弱，这可能是因为中国互联网经济的发端最初是以"免费"模式获取用户流量的，对于习惯了免费模式的用户而言，"付费"行为是作为感知"利失"而存在的。同时，用户满意度的提升对社群认同存在积极正向影响。用户满意对社群认同的标准化路径系数为 0.36，说明用户满意对社群认同有显著的正向影响。用户对于社群的整体满意度越高，越倾向于给予社群积极的评价，并愿意持续留存并参与到社群之中，这意味着社群必须持续为用户创造价值，用户才会意识到存在于这个社群中所能获得的价值与情感意义，从而加深对社群的认同感。

第二，用户满意对社群认同、社群绩效具有正向影响作用，且用户满意在用户感知价值与社群绩效之间具有中介作用。

实证研究显示，用户满意对社群绩效的标准化路径系数为 0.32，说明用户满意对社群绩效具有显著的正向影响。用户满意是社群成员对社群及其产品或服务的总体性评估，这种评价来自社群成员对社群及其产品的实际使用效用与其预期的比较，当达到或超过预期，用户满意便会产生。如果社群成员对社群感到满意，符合了他（或她）的预期，这种满意感会引发其具体的行为，如反复的消费行为、向他人推荐社群以及参与到社群的具体任务和活动中。社群成员对社群的感知价值越高，越有利于提升其满意度，进而影响用户在社群中的积极行为。同时，用户感知价值通过用户满意对社群绩效产生影响，用户感知价值越高，即用户感知到社群对其具有巨大的价值与意义，那么社群成员对社群的整体满意度越高，越能促使其产生积极的行为，如为了持续获得高满意度而重复购买，为社群的发展做出贡献等。

第三，社群社会资本的三个维度，即结构性、关系性、认知性要素均对社群认同产生正向影响。

实证研究发现，社群社会资本的结构维度（互动关系）、关系维度（信任互惠）、认知维度（共同语言、共同愿景）对社群认同的标准化路径系数分别为 0.15、0.29、0.25，说明结构性要素、关系性要素、认知性要素对社群认同有显著正向影响。在社群中，成员之间、成员与社群之间长期的、持续性互动加深了对其他成员以及社群的认知，社群内部的信任体系逐渐建立。在这一过程中，随着互动的加深，社群成员形成了对社群的归属感和认同感，感知到作为社群成员的价值和意义。

第四，社群认同对社群绩效具有正向影响，且社群认同在社群社会资本与社群绩效之间起中介作用。

实证研究结果显示，社群认同对社群绩效的标准化路径系数为 0.34，说明社群认同对社群绩效有显著的正向影响。社群认同是由于个体认同某一群体而产生的有关"属于某一群体"的感知。社群认同所产生的内群体偏好将促使社群成员以主动的态度参与和传播自己所认同的社群的相关信息，并以积极的行为参与和支持社群的相关活动。在网络社群中，成员对于社群的认同感越高，就越会对社群有积极的评价，越感觉有责任来支持社群的发展，进而产生积极的社群行为，如购买社群产品、对外推荐社群、积极参加社群活动等。同时，社群社会资本通过社群认同对社群绩效产生影响作用，社群社会资本的积累和增长，将促使社群成员产生积极的社群认同，这种认同感的加强将促进社群成员的购买、参与等行为。

第五，用户的社群涉入度对用户满意与社群绩效、社群认同与社群绩效均具有正向调节作用。

实证数据显示，社群涉入度在用户满意、社群认同与社群绩效之间起正向调节作用。不同程度的社群涉入度对于社群用户行为存在不同的影响效果。社群涉入度越高，说明社群对于用户而言越重要。对于涉入度高的社群成员而言，社群在其生活中扮演着重要的角色，对其个人而言有着重要的意义，这促使他们积极地融入社群，产生积极的社群行为，如重复购买社群产品、自发地进行口碑传播、主动参与社群各种活动，为社群的发展做出贡献。反之，如果成员的社群涉入度不高，即使他/她对社群感到满意或认同，也不一定会促使他们产生积极的社群行为。

第六节　本章小结

本章主要呈现的是通过数理统计工具对样本数据分析的结果，对本研究的理论模型及研究假设进行检验。

首先，对本书研究测量量表的信度和效度进行检验，信度分析结果显示，用户感知价值的四个维度、社群社会资本的三个维度、用户满意、社群绩效、社群认同、社群涉入度量表的信度均满足了要求。并逐一验证了量表中各个变量的结构效度和收敛效度。其次，对理论模型进行结构方程模型检验，检验结构模型的拟合情况。数据结果显示，只有"价格价值—用户满意"的假设未被支持，在删除了该路径之后，修正后的结构方程模型拟合指数满足标准模型的相关指标，模型拟合指数良好。用户满意、社群认同在用户感知价值与社群绩效、社群社会资本与社群绩效之间的中介作用也得到验证。再次，对社群涉入度的调节效应进行了检验，结果显示社群涉入度对用户满意与社群绩效、社群认同与社群绩效之间具有正向调节作用。最后，根据以上实证研究的数据对研究结果进行分析与讨论。

第六章 研究启示

通过第五章的数据分析结果，社群社会资本、用户感知价值对社群经济的影响作用得到了验证，本章将从社群经济商业实践的层面探讨如何提升社群社会资本及用户感知价值，以更好地指导实践，提高社群经济效益。

第一节 用户感知价值是社群经济发展的重要影响因素

一 用户感知价值是一个多维的构成

虽然学者对顾客感知价值的具体内涵存在不同的解释，但对顾客感知价值是一个多维构成的认识较为一致。Sinha 和 Desarbo 认为顾客感知价值是由价格、质量、利得、利失驱动组成的多维结构。[1] Sweeny 和 Soutar 认为顾客感知价值由情感价值、社会价值、质量价值、价格价值四个维度构成。[2] 前文的实证研究证明，社群用户价值是一个多元、多维的构成，除了功能层面的价值外，还包括体验

---

[1] Sinha I. J., Desarbo W. S., "An Integrated Approach toward the Spatial Modeling of Perceived Customer Value", *Journal of Marketing Research*, Vol. 35, No. 5, 1998.

[2] Sweeney J. C., Soutar G. N., "Consumer Perceived Value: The Development of a Multiple Item Scale", *Journal of Retailing*, Vol. 77, No. 2, 2001.

价值、社会价值。这就意味着，社群经济的核心不仅仅是围绕产品价值运转，社群成员的情感需求、社会需求也越来越多地被纳入产品生产的考量要素之中。

在互联网时代，产品与消费者之间不再只是单纯功能上的连接，消费者开始注重附着在产品功能之上的情怀、价值观、魅力人格等情感上的因素。一方面，用户对于产品本身的基础使用功能、品质的需要更高；另一方面，在此基础之上的附加功能尤其是能够提高用户使用体验的功能决定了产品的竞争力。从某种程度上来说，如今的消费者需求变得更加多元化，有了更高层次的消费需求，消费者对体验价值、社会价值的需求甚至高于产品本身的功能价值。

社群经济作为基于互联网而产生的一种新经济形态，社群用户价值最主要的来源就在于其提供的产品及其所附着的情感附加值。作为社群的运营者必须意识到用户价值的多维属性，并着力从各个维度提升社群及其产品的价值。首先，产品功能必须是超过消费者预期，能让消费者产生较高的满意度。互联网时代，产品同质化现象越来越严重，消费者疲于面对眼花缭乱的品类和产品选择，如果产品功能超出其预期，带给他惊喜，他便会自发地进行传播，引发社群传播的圈层效应。其次，互联网时代的产品还必须具备情感功能，承载情怀和情趣，能让消费者在产品使用的过程中产生愉悦的情感体验，这种情感体验将转化成一种情感依恋，增强产品黏性。当产品被赋予情感，便具有了人格化特征，如罗辑思维，就是打造了罗胖这一"魅力人格体"，吸引了大量粉丝的追随。在互联网时代，企业若想让顾客满意，提高顾客让渡价值，其中一条重要的途径就是通过改进产品、服务及形象等附加价值，从而提高产品的总价值。

二　用户感知价值的驱动因素

早期的大多数研究认为顾客感知价值由质量和价格两个部分组成，将产品质量作为"利得"的主要构成因素，而将价格作为"利失"的主要构成因素。随着研究的深入，服务质量、品牌权益、促销、情景、顾客关系的维持等因素亦被认为是顾客感知价值的重要来源。基于本研究的实际，并结合实证研究的结果，社群用户感知价值主要来源于以下几个方面：

首先，产品/内容质量。产品质量是顾客感知价值在功能价值维度的来源。质量价值是影响顾客制定购买决策的重要因素，产品质量为消费者提供功能性或功利性价值，满足消费者需求。产品质量是消费者感知利得的主要来源，实证研究证明，产品质量感知与客户价值感知正相关。社群产品/内容是用户聚合的入口，并且，社群内容/产品质量的稳定性是社群成员持续留存在社群以及产生购买行为的重要条件。因此，作为社群的运营者，提升产品/内容质量，解决用户需求的痛点是社群价值变现重要的基础性工作。社群运营要首先建立在产品运营之上。当产品成为连接企业与用户、用户与用户的介质，产品便成为社群聚合的黏合剂。企业要善于通过社群运营与用户形成良好互动，线上建立高势能，同时在线下提供给用户好的产品，实现"O2O2O"（online to offline to online）的良性闭环。

其次，社群互动。在对于顾客感知价值的研究中，学者认为服务质量是预测客户感知价值的一个强大的指标，[1] 是感知价值的一个逻辑驱动因素。[2] 服务质量通常被认为是感知"利得"的来源，因而其对感知价值存在正向影响。服务质量最初用于评价线下实体消费时获得的服务体验，随着线上购物与消费的兴起，对线上服务体验的要求越来越高。社群经济是产生于网络虚拟社群的一种经济形态，社群经济与其他经济形态的不同之处在于用户行为是在社群这一特定的时空中发生的，其体验不仅来自对内容/产品的消费过

---

[1] Lloyd A. E., Luk S. T. K., "The Devil Wears Prada or Zara: A Revelation into Customer Perceived Value of Luxury and Mass Fashion Brands", *Jorunal of Global Fashion Marketing*, Vol. 1, No. 3, 2010.

[2] Alsabbahy H. Z., et al., "An Investigation of Perceived Value Dimensions: Implications for Hospitality Research", *Journal of Travel Research*, Vol. 42, No. 3, 2004.

程，更重要的是来源于与社群及其他社群成员的互动。社群与社群用户的互动，体现在社群响应用户需求、及时解决用户问题等方面，这会直接影响用户对社群的评价。同时，社群用户之间的互动，能提升社群活跃度，提高社群用户之间的关系亲密度。社群互动是用户体验价值维度的重要来源，用户体验越好，其对社群的整体价值评价就越高。

最后是社群品牌形象。Gardner 和 Levy[①] 提出了品牌形象的概念，他们认为品牌形象即是消费者对品牌的总体感知。如今，品牌已是企业无形资产的重要组成部分，在顾客感知价值中发挥着越来越重要的作用，是顾客感知价值中社会价值、情感价值维度的主要来源。实证研究数据表明，社群用户对于社会价值的需求甚至高于功能价值。随着生产技术水平的不断发展与进步，产品在功能、品质上有了整体的提高，消费者消费水平与消费能力的不断提升，如今的消费者对于产品的需求不再局限于功能的满足，而是越来越看重产品所附带的情感与社会价值。良好的品牌形象可以帮助消费者获得良好的社会形象与评价，提升社会身份和地位。在社群经济中，社群品牌形象的建立有助于提升社群成员身份，从而为成员带来良好的社会评价和社会形象，满足自尊的需要。

三 用户感知价值提升的具体路径

（一）打造社群品牌，提升社群价值

品牌，是消费者对一个企业及其产品的质量、服务等形成的一种评价和认知。品牌最初被用于区别和证明品质，随着市场的成熟和发展，品牌所承载的含义也越来越丰富，从产品、服务的质量延伸到了文化价值、企业形象。社群品牌是用户所形成的对于该社群及其产品或服务的整体认知和评价。社群品牌与品牌社群的含义有

---

① Gardner B. B., Levy S. J., "The Product and the Brand", *Harvard Business Review*, Vol. 33, No. 2, 1955.

第六章
研究启示

别，Muniz 和 O'Guinn（2001）[①] 所提出的品牌社群指的是基于某一品牌而形成的消费者与消费者之间的关系集合体。社群品牌和品牌社群建构的逻辑思路是不一样的，社群品牌是先有社群，后有品牌，在社群形成后，通过社群运营和各种活动建立起社群整体的品牌形象。品牌社群是先有品牌，后有社群，通过产品、营销已经建立起了一定的品牌形象，通过社群运营来强化与消费者之间的关系，形成品牌忠诚度。

如前文所述，社群品牌形象是用户感知价值的驱动因素之一。个性鲜明的品牌形象可以为社群带来更高的附加值，提升用户感知价值。品牌是给拥有者带来溢价、产生增值的一种无形的资产。如今的品牌已经成为消费者身份的象征，消费者通过拥有某一品牌来塑造自我形象、进行自我概念的表达。社群品牌是用户社会价值的重要来源，社群成员的资格亦是某种社会身份象征。品牌的意义来源于其象征意义，它反映着某种文化、价值观或个性，这种象征意义既是消费者自我的表达，同时也是消费者社会形象的体现，消费者在进行消费时，会倾向于选择能够展现其自我形象的品牌。同时，基于社交的需求，人们总是倾向于向外界展示出良好的社会形象，社群品牌所产生的象征意义和情感联想是社群成员社会形象构成的一部分。如果社群所塑造的品牌是一种积极的、尊贵的形象，社群成员就会以拥有该成员身份为荣，同时还会对社群外的用户形成巨大的吸引力。基于此，打造良好的社群品牌形象，对于建立社群品牌与用户关系具有重要意义。

社群品牌建构的核心是建立个性鲜明的社群标签。认知维度是社会认同的基础维度，个体在加入一个社群的同时即获得了一种身份标签，社群成员对于其身份标签的认知程度会直接影响其对社群的认同度。明确的社群标签，有助于强化社群成员的身份认同，每

[①] Muniz A. M., O'Guinn T. C., "Brand Community", *Journal of Consumer Research*, 2001.

一个社群都可看作一个亚文化群体，有着自身独特的属性与特征，即社群标签。这种标签化的特征将吸引着有相同志趣的个体自发地聚集到一起，寻找到同好，通过群体交往获得身份的认知和认同。因而，社群在创立之初，就需要有明显的社群标签，社群标签越明显，身份识别越明确，越有助于社群成员获得身份认同，提高社群认同度。如百度的贴吧、豆瓣的兴趣小组，其命名就为社群贴上了独一无二的标签，网络用户可以方便快捷地结合自身的兴趣爱好选择相应的贴吧或者兴趣小组加入。社会认同是个体获得自尊的重要途径，优势的身份标签将有助于社群成员自尊需求的满足。

社群品牌的构建方式需从传统的垂直设计转变为交互设计。大众信息传播时代，品牌塑造以企业为主，消费者是旁观者；而在自主信息传播时代，消费者参与品牌建设具有了可能，参与意识在增强，主动性和能动性都不断提高，此时，消费者充当的是参与者的角色。消费者地位水平的提升使得企业的营销和传播必然要发生变化，必须在尊重消费者的基础上洞察目标群体的内心需求，吸引消费者参与到企业的发展和品牌的构建之中。

(二) 产品价值创造：优质产品/内容的持续产出

互联网时代，产品成了连接的中介，用户因为对产品的认同和偏好而聚合成社群，好的产品将为企业带来可观的用户和粉丝群体。在社群创建之初，通过优秀产品/内容去网罗粉丝，形成社群，再通过社群的持续互动带动产品销售，产生价值变现。但目前社群经济发展所面临的一个"瓶颈"就在于产品/内容创新与持续价值提供能力的薄弱。

李善友认为，产品和社群是互联网时代的二向箔，[①] 产品成了企业最重要的经营要素，是用户价值的重要来源。社群运营必须建立在产品运营的基础之上，通过持续不断地进行价值输出，黏住用户，实现社群经济效益。一方面，在产品的生产设计上要注重用户

---

① 李善友：《产品型社群》，机械工业出版社2015年版，第214页。

需求的变化。如今，用户对情感体验的需求甚至超越了对产品本身的功能需求，与工业时代相比，产品不仅承载了功能，还承载着趣味情感。因此，在互联网时代，产品的功能与情感属性变得愈加重要。功能需求是消费者对产品最基本的需求，互联网时代，产品同质化现象越来越严重，消费者疲于面对眼花缭乱的品类和产品选择，如果产品功能能超出其预期，消费者便会自发围绕产品而聚集。同时，社群产品还必须具备情感功能，在开发、设计产品时需要注入人性的关怀，用情感链接人与产品，让产品从"冰冷"走向"有温度"。传统的产品生产追求的是技术的先进、功能的强大，生产出来的产品带着工业化机器的冰冷感，无法使消费者产生亲切感，忠于产品并不等于忠于品牌，产品于消费者而言只是解决其问题或需求的一个工具而已，而品牌是一种情感依赖，是带有温度和人情味的。互联网时代，产品越人性化，越得人心。

另一方面，产品价值的生产导向将从企业为主转变为以用户为主。产品最终是为用户所用的。以企业为主的产品导向虽然凝结着企业精英的智慧，但能否成功将会是一个概率事件。而以用户为主的产品设计思路将大大提高产品在市场上的成功概率。企业在产品设计、开发之前应充分研究用户数据，了解用户的痛点和痒点，设计出来的产品才会更容易获得用户的认可和青睐。"反向定制"基于用户需求的产品和内容成为企业在互联网时代的生产理念。大数据技术的发展为企业掌握用户数据、分析用户需求提供了便利条件。社群用户在互联网上的每一次互动、浏览、搜索、购买等行为都会留下相应的数据信息，企业借助于一定的手段和渠道便可以获取，这比传统的消费者数据库管理更为便捷和智能。对于社群运营者而言，最重要的就是做到思维的转变，真正做到以用户为中心。

（三）用户参与价值创造，释放社群集体智慧

随着科技的发展与社会形态的变迁，在互联网时代，人们的需求与欲望、消费者的消费理念和消费认知都发生了极大的转变。消

费者的消费理念从最早的功能式消费,转变为品牌式消费,再到体验式消费,如今,已经进入参与式消费阶段。杰里米·里夫金在《零成本社会》提到,人们转变为产消者,在消费的同时也制作和分享自己的产品。①

Prahalad 等②提出了价值共创的概念,他们认为,服务或产品的价值不是由制造商/供应商单独创造的,而是由制造商/供应商和产品或服务的消费者共同创造的。因而,企业需从以往以自我为中心的单向传播转变为与消费者进行价值的协同共创。

参与式消费是整个消费理念的革命,消费者的消费需求从围绕产品本身的物化需求,演变为基于产品的社会性需求,即希望参与、协作与共享来获得更高层次的心理满足。社群时代的商业模式,是由用户主导的C2B(Consumer to Business)模式,企业与消费者的关系逐渐由单向的价值传递转变为双向的价值协同。在网络化的交互关系中,社群中的个体之间进行资源互换和协作共享,个体能量和群体智慧相互激发,由此带来巨大的价值创造。

在社群经济时代,社群运营者们必须抛弃传统以自我为中心的思维,要让用户参与到产品创新和品牌传播的各个环节之中。让用户参与产品研发,贡献智慧,与公司协同创新已成为互联网时代企业生存的重要方式。如小米是先做了MIUI的系统,才做了手机的硬件。在开发MIUI系统的过程中,其开发团队并没有闭门造车,而是通过论坛让用户通过参与,不断完善产品,做到每周发布,每周迭代,这种参与,将消费者与品牌商紧紧黏在了一起。

---

① [美] 杰里米·里夫金:《零成本社会》,迪赛研究院专家组译,中信出版社 2014 年版。

② Prahalad C. K., et al., "Co-creation Experiences: The Next Practice in Value Creation", *Journal of Interactive Marketing*, Vol. 18, No. 3, 2004.

第二节 社群社会资本是社群经济发展的重要战略资源

在对社会资本的定义中,有一类观点认为社会资本即是一种资源,科尔曼、Nahapiet 和 Ghoshal、林南等认为社会资本就是资源的集合,这种资源的获取主要来自个体或组织的关系网络。社群经济基于网络社群而生,从资源观的角度看,社群社会资本即是一个社群所拥有的镶嵌在社群组织关系网络中的资源。科尔曼指出,社会资本是产生优势利益的社会结构功能。从商业化的角度来看,社会资本日益成为社群经济发展所依赖的重要战略性资源。在布迪厄的观点中,社会资本是需要个体或组织的主动投入才得以形成的。社会关系是社会资本形成的基础,也就是个体或组织与其他的个体或群体之间产生了某种关系和关联,但还需要个体或组织的积极投入才能获得社会资本在质与量上的增长。作为社群经济发展中的重要影响因素,社群运营者们所要思考的就是如何构建社群内部、外部的各种关系,搭建高质量的社会关系网络。通过有效的运营,对内提升社群内部的活跃度和信任度、对外与各类优质资源相联合,提升社群的整体竞争力,促进社群经济的发展。

一 社群运营的核心:建立关系

网络社群是由网络空间中不同个体组成的社会关系网络,是用户彼此关系的凝结,"关系"的经济价值以社会资本的形式表现出来。社会资本通过对"关系网络"的占有而获得,作为社群经济重要的战略性资源,社群社会资本的获取和累积需要高质量的社群关系网络。因而运营社群就是经营用户彼此的关系,如何建立和维系社群用户之间的关系成为社群运营的核心任务。

互联网万物互联的强大功能成为网络社会各种关系形成的基础。网络时代计算机及通信技术不断革新发展,技术成了建立关系的中介,互联网技术改变了人们信息交流的方式,网络中的每一个节点之间,每一次连接,都是一种关系的建构,由此促成了超越于血缘、社会交往关系之外的基于网络虚拟关系的人与人、人与自身、人与物、物与物之间的新型关系的形成。

网络时代,优质的关系对社群而言至关重要。在工业经济时代,以工业革命为推动力,以技术的突破为起点,不断改进生产工具,提高生产力,以实现财富的增长。因而,工业时代的核心经济规则是追求生产力的不断提高。而在网络经济时代,信息取代有形的物质成为最重要的生产要素,由网络连接而形成的各种关系成为经济发展的驱动力。如微信的成功其根本就在于其超12亿的用户资源。

社群经济的本质是一种关系经济,因而,社群运营的核心亦是建立关系,增进联系。"生产力重要性越来越低,建立关系成为最主要的经济活动。"① 在社群时代,各种关系质与量的优化与增长对于企业来说显得更为重要。

二 用户是社群社会资本的重要来源

用户是社群网络最基本的构成单位。基于互联网技术的连接,现实生活中的个体成为网络中的一个节点,节点与节点彼此相连,构成了一个社群的网络结构。正是因为用户的聚集,才有了社群,才有了社群网络,这是社群社会资本形成的前提条件。

用户之间的互动、交往形成了社群社会资本。布迪厄认为社会资本是一种网络结构,它的产生来源于人际间各种关系的交往。用户在网络中通过互动、交流,形成了共同认知和一定的规范,达成一定的信任关系,这既是成员个体层次的社会资本,同时,通过社群的日常互动,这些个体社会资本在社群关系网络中流动、聚集,形成了社群社会资本。此外,成员基于其他关系网络而生成的社会资本也是社群社会资本的来源之一。由于个体具有多种需求,因此

---

① [美]凯文·凯利:《新经济,新规则:网络经济的十种策略》,刘仲涛、康欣叶等译,电子工业出版社2014年版,第158页。

他们会通过加入多个社群组织来满足个人需要,也就是说个体会不止加入一个社群,拥有不止一个社群身份。这就带来了一种可能性,即在一定的条件和情形之下,社群成员会将在其他社群关系网络中生成的社会资本带入某一社群之中,这就对社群运营者的运营和管理能力提出了新的考验。

互联网时代,用户成为企业重要的战略资产,企业之间的竞争已经由产品竞争上升为争夺用户资源的竞争。在过去,企业最看重的是产品价值,所有的经营活动都围绕着如何提高边际收益,以获取更高的产品销售收益,这是产品逻辑下的商业思维模式。但是到了互联网时代,用户价值对企业的重要性越来越高,企业纷纷争夺入口,抢占流量。先抢占用户资源,再思考流量变现,这是对传统商业思维模式的颠覆。原来杀毒软件市场是瑞星、卡巴斯基的天下,用户想要使用杀毒服务需要支付一定的费用,360推出永久免费杀毒服务得到了大量网友的支持,迅速抢占了大量的用户资源,让对手措手不及。

社群是具有温度感、价值感的"泛圈子",社群成员通过持续的互动引发共性的行为。社群运营者要充分认识到社群的特征,顺应用户新的行为模式。摒弃企业中心化的理念,以平等、共享、协作的方式与用户结成伙伴式,甚至朋友式关系,以这种新型的信任关系为社群价值变现背书。

三 基于社群社会资本的社群运营策略

互联网时代,人们的社交需求变得越来越强,人们需要在产品和品牌里寻找一种社会认同。社群运营的最终目的是获得社群成员对社群的高认同度。基于社群的特性和传播特征,在进行社群运营时可从以下几个方面展开。

(一)保持持续互动,增强情感连接

与群体认同的功能最密切相关的,是每个人的人格和生活经验中两个关键性的成分,亦即他的归属感和自尊心。① 对归属感和自尊的追求是人类最基本的需求,归属感和自尊的获得来自个体的情感需求是否在群体中得到回应,这种回应就是社群内部你来我往的互动和交流。交流互动是提升社群活力、深化社群关系的重要途径。社群的存续来自互动,没有互动和交流,活跃度低的社群最终将面临死亡。在一个社群中,社群成员通过互动而产生情感联系,一旦这种频率降低甚至为零,那么用户对社群的情感纽带将会断裂,结果就是用户的流失、社群的灭亡。

作为社群的创建者应该有意识地发起某些话题、活动,抑或通过某些激励措施调动成员的积极性,使社群内部始终保持活跃状态。社群需要培育一批核心用户,这些核心用户是社群起步的基石。在一个社群的运营中,核心成员充当着意见领袖的角色,在论坛上极其活跃,发起话题,积极参与话题讨论,激活潜在用户,活跃整个社群。他们的评价和意见对于其他成员有着强大的影响力。因而,对于核心成员的发掘和培养是社群运营的重要环节。如小米手机在创始之初在手机论坛里面选取的100位天使用户,他们是MIUI的首批测试人员,亦是小米社群的起点。这些早期的用户通常是产品的"死忠粉",他们对产品极度偏爱,会多次购买并主动推荐给朋友。

(二)建立核心价值观,提升社群价值

社会文化认同是社会认同的核心内容,社会文化因素是影响社会认同的重要因素。② 作为一个社会人,我们从一出生便处于多元的社会环境之中,社会认同的过程是个体不断自我构建与重构的过程,在这一过程中,个体认知与认同的形成受到各种社会文化因素的影响。价值观是特定文化的核心所在,因而,对社群认同的最高层次即是对社群价值观的认同。同时,从社群的本质来看,社群是

---

① [美]哈罗德·伊罗生:《群氓之族》,邓伯宸译,广西师范大学出版社2008年版,第65页。

② 姜水志、张海钟:《社会认同的区域文化心理研究》,《长安大学学报》(社会科学版)2009年第4期。

第六章 研究启示

基于共同兴趣和价值观的用户聚合体,因而,社群的价值观是社群得以存续的根基。

每一个社群都应该有自己的价值观和信仰,这是一个社群区别于其他社群的主要特征,亦是决定社群能否持久的核心。价值观所形成的社群标签和社群魅力会成为个体加入和融入的动力,社群价值观将潜移默化地影响着成员,并会形成一定的群体意识,产生一致的群体行动。当一个社群拥有了价值观一致的坚定拥护者时,就能通过内群体偏好维持社群成员的忠诚。

社群的价值观即是社群的目标和主张,社群在创建之初就要有明确的目标,建立清晰的社群价值观,有明确的态度和主张,打造独特的"魅力人格体"。将自己的理念、主张传播给用户,得到大多数人的认同,才能吸引用户加入到社群中来。这是社群起步的内核,为后期社群的运营与壮大打下牢固的基础。价值观的趋同是社群生命力的核心,所谓道不同不相为谋,一个社群只有成为志同道合者的价值观同盟,才能获得长久的生命力。

吴晓波认为,社群运营者首先要确定一个社群的价值观,通过价值观吸引、筛选社群成员,建立高质量的关系。"吴晓波频道"在上线一周年的时候明确提出了其社群价值观:认可商业之美、崇尚自我奋斗、乐意奉献共享、反对屌丝经济。在这一价值框架之下,"吴晓波频道"吸引了220多万微信追随者,成为国内最大的财经自媒体平台。2016年7月上线的《每天听见吴晓波》,在半年的时间内就拥有了超10万的付费会员,它的成功,正是由价值观一致的核心用户带来的。再如知识服务商和运营商《罗辑思维》的价值观为:有种有料有趣,在知识中寻找见识。在这一价值定位之下,逻辑思维将知识服务作为其核心,重点做"内容"产品,将优质的内容浓缩成"知识快餐",使每一款内容都能满足用户在特定场景下的知识需求,吸引了大批"死忠粉"。它的成功,正是在于其对于社群价值观的践行,并由此吸引了价值观一致的核心用户。

(三) 玩参与感游戏，激发协同与创造

社群的活跃度是社群生命力的重要指标，社群成员对社群的融合、参与程度高低对社群认同度具有重要影响。互联网开放与互动的特性为网民参与内容与产品生产提供了便利，同时，网民素养与能力的不断提升也为协同与创造带来了可能。

在社群内部，会不断地产生新的内容信息，这些信息的生产一方面来自社群的运营者，另一方面来自社群成员自身。社群的存在与维系之基本的要素便是内容，为此，作为社群的运营者，为了能够保持社群的活跃度和生命力，就必须及时提供新的内容产品，吸引社群成员的关注，引发话题和讨论。同时，基于互联网开放性和互动性的特征，社群成员不仅仅是信息的接收者，同时也是信息的生产者，尤其是有着相关专业背景和影响力的意见领袖，他们所发布的内容信息往往有着较高的质量，引起共同的关注。

因而，运营社群要学会玩"参与感游戏"，让用户始终处于兴奋状态，积极参与社群互动，社群成员对社群的参与度越深、融合度越高，越能强化其成员身份，提高社群认同。社群运营者要善于通过线上—线下多种形式的参与互动，激发群体智慧和创造力，通过社群成员的协同合作，产生源源不断的社群价值，形成社群的高黏性。

(四) 认同威胁应对：社群风险管理

Tajfel 和 Turner 的研究指出，"个体与外群体进行社会比较时，无法得到肯定积极的评价，无法确定自己处于一定的社会群体或类别之中"[①]，社会认同威胁便产生了。这说明社群成员对于社群的认同并非是从一而终的，当不同群体的表现和地位发生变化，社会比较便会发生作用。当群体成员通过社会比较发现其他群体优于其所在的群体时，其社群认同度会降低，社群认同威胁的直接后

---

① Tafel H., Turner J. C., "The Social Identity Theory of Intergroup Behavior", *Psychology of Intergroup Relations*, Vol. 13, No. 3, 1986.

果就是社群成员的流失,对社群经济的良性发展有着极大的负面影响。

认同威胁的产生主要有以下几个方面的原因:一是新鲜红利消失。即社群成员对社群的新鲜感逐渐消退,转而去其他社群寻求新鲜感。社群在创建之初,往往通过有趣的内容吸纳成员,在社群运营的过程中,如果社群无法持续进行内容的生产和创新,用户就会去寻求其他更有价值的社群。二是社群价值流失。社群成员加入社群是为了某种需求的满足,渴望从社群中获得价值认同,由于社群经济的商业属性,在社群运营的过程中,如果无法平衡好社群经济的情感性与商业性,商业性的信息传播和行为可能会影响成员情感需求的满足,导致社群认同感的降低。三是社群管理紊乱。随着社群的发展,社群的规模不断壮大,当一个社群成员数量达到上万人甚至几十万人时,社群管理的问题便产生了,无序的管理将可能导致大量的广告、灌水,降低社群吸引力。在以上的原因中,社群价值的流失是根本,社群在创立之初所设立的价值观吸引了大量的追随者,在社群发展的过程中,必须"不忘初心",不断强化价值认同,通过提供有价值的内容或活动,为社群成员带来持续的价值供给。

从前文对社群经济发展逻辑的分析来看,社群从产生到最终价值的变现是一个持续性的过程,在这个过程中亦会受到外部竞争者的挑战,当社会比较作用发生时,就可能产生社群认同威胁,社群运营者必须拥有危机意识,注重社群风险管理的问题。

第三节 社群经济未来发展趋向:平台经济

社群聚合了大量基于共同兴趣和价值观的用户,社群经济就是围绕用户的需求提供产品和服务,从而实现盈利。随着社群用户的不断积累,用户黏性的日益增长,社群便具有了平台的价值。在前文的研究中我们发现社群社会资本、用户感知价值是社群经济发展的核心影响因素，平台经济的双边市场与网络外部性特征将使得社群社会资本、用户感知价值的价值与作用得到更大的释放与彰显。社群经济向平台经济的转型，将大量外部资源纳入社群平台之上，通过市场主体之间的有机协同、资源互补，实现社群价值的延伸与扩张。

一 从社群经济到平台经济：社群价值扩张的可能路径

（一）平台经济与平台思维

随着互联网技术的加速发展与普及应用，平台经济得到了迅猛的发展。以"BAT"为代表的一大批平台型企业涌现，成为促进我国产业结构升级与企业发展的重要推动力。

1. 平台经济

早在20世纪90年代，尼葛洛庞帝就提到了"平台"，他直接将数字化生存概念与平台联系，认为数字化就是为生存和活动于现实社会的人提供进行信息传播和交流的平台，这个平台借助于数字化结构，虽是虚拟，但却真实能感受到而非想象，是一种"真实的"虚拟空间。[①] 互联网之父温特·瑟夫指出了互联网的三条黄金法则：没有人拥有它，每个人都可以使用它，任何人都可以往上面添加服务，这是互联网跟之前所有媒介的区别。[②] 从这个意义上理解，互联网已经成了全民共享的去中心化虚拟平台。

2006年，克里斯·安德森撰写的《长尾理论》出版，标志着丰饶经济学的诞生，学术界开始从丰饶经济学的视角观察研究人类社会与互联网的经济现象。从摩尔定律到存储量和带宽的飙升，我们看到的是一个丰饶的世界。长尾所展示出来的是互联网时代丰饶世界的一种现象，在丰饶的世界里，我们有无限的货架空间、无限的流通渠道、无限的选择。而这一切，正是基于互联网无限丰裕的资

---

① ［美］尼葛洛庞帝：《数字化生存》，胡泳译，海南出版社1997年版。
② 转引自［加］泰普斯科特、［英］威廉姆斯《维基经济学：大规模协作如何改变一切》，何帆、林季红译，中国青年出版社2007年版。

第六章
研究启示

源与平台。

互联网是一个无限性的平台，丰裕的竞争就是平台的竞争。[①]传统经济学的前提假设是基于资源的稀缺性，互联网所产生的资源丰裕性对传统经济学理论产生了颠覆性的影响。互联网的发展，从生产、传输、消费三个环节一下释放了大量的资源，竞争的焦点不再是对于某种稀缺资源的争夺，而是为生产、传输、消费环节中的无缝对接和效率匹配提供支撑条件的竞争，即平台的竞争。在互联网时代，比拼的是平台资源，谁拥有大的平台，谁就可以集中优势资源。

徐晋和张祥建[②]认为平台是一个可以促进双方或多方市场主体交易的空间。徐晋对于平台的定义较为宽泛，将现实空间的平台纳入了进来，随着网络平台的迅猛发展，学者们对于平台的定义多集中于互联网平台。叶秀敏[③]、蔡柏良[④]认为平台经济是支持买卖双方在网上进行交易的一种经营活动，其最终的目的是使多方主体利益最大化。从以上定义可以看出，平台经济的核心是搭建一个可资进行资源交换的开放场域——平台，其根本的目的是实现各方市场主体的价值共赢，基于此，本书认为平台经济是基于互联网平台，通过资源整合与资源共享促进双边或多边主体之间的交易，从而使多方主体实现利益最大化的经济形态。首先，互联网是平台经济价值实现的重要场域。平台既可能是现实空间，也可能是虚拟空间，其目的是为参与的各方提供创造价值的"场所"，互联网的开放性和无限性无疑可以让平台的价值得到更大的彰显。其次，平台经济是一种共享经济，平台经济可以有效实现信息、资源的共享，打破传

---

① 黄升民、谷虹：《数字媒体时代的平台建构与竞争》，《现代传播》2009年第5期。

② 徐晋、张祥建：《平台经济初探》，《中国工业经济》2006年第5期。

③ 叶秀敏：《平台经济的特点分析》，《河北师范大学学报》（哲学社会科学版）2016年第2期。

④ 蔡柏良：《平台经济视野下的商业模式创新与企业发展》，《商业经济研究》2016年第16期。

统经济中的信息不对称与低效环节,有效提升资源利用效率。最后,平台经济是一种跨界融合,平台经济通过资源整合,将各方资源要素聚合在一起,打破产业边界,通过产业跨界与产业融合实现价值创新。

随着互联网技术、大数据、人工智能等技术的不断发展,平台的功能与价值将会得到更多的释放,平台经济将成为推动业态创新与传统企业转型的重要驱动力,在我国经济转型与升级中发挥更大的作用。

2. 平台思维

随着互联网平台价值的彰显,平台思维成为企业运营与商业变革的重要思维。所谓平台思维,是指通过资源共享与多方主体共同构建一种开放、共赢的商业生态体系。平台思维无疑为传统企业的转型和发展提供了一条新思路,使信息传递更加高效,提高企业跨界整合的能力,从而产生巨大的市场价值。

平台思维是对传统线性思维模式的颠覆。传统企业的盈利模式源于线性价值链模式,企业处于价值链中的一环,依靠信息不对称获取利润。互联网"去中介化"的传播模式打破了原有的信息不对称,传统集中式的、规模化的中间环节被直接的、交互性的连接所取代,传统的依靠信息不对称获利的商业组织将被淘汰。而平台思维则是充分利用互联网强大的连接能力将各方资源连接起来,构建一种网状的关系网络,然后通过制定一定的规则与机制实现各方利益的共赢。此时,平台企业将不再是一个产品的生产者,更多的是担任一个连接者、整合者的角色。互联网的出现让平台的创建变得比工业时代更为便利,运用平台思维打造一个允许外部参与者协同创造价值的平台生态体系,将为企业的价值创造与实现带来更多可能性。

平台思维是一种开放、共享的思维。在传统工业时代,企业通过对资源的独占获得竞争优势,但随着市场竞争的日趋激烈,对稀缺资源的占有变得越来越难。平台思维则是通过共享企业的优势资源，以一种开放的心态吸引其他市场主体的聚集，各个主体充分发挥各自的优势，共同创造更大的价值。单个企业的资源占有量是有限的，通过开放与共享，连接其他市场主体，将为平台企业带来源源不断的资源和发展动力。比如对于社群而言，其最大的资源就是其用户基础，通过搭建社群平台与其他市场主体共享用户资源，其他平台参与者亦将贡献出他们的优势资源，围绕同一个目标开展生产协作，提供更多、更优质的产品来满足社群用户多方面的需求，从而实现盈利。

平台思维亦是一种合作、共赢的思维。平台将各种生产要素、各个市场主体聚集起来，以合作代替竞争，通过分工与协作，实现资源的有效配置与共享。"竞合力"一词早在1996年就被提出，在竞争中合作，在合作中竞争，这是现代企业发展实现双赢的战略选择。[①] 如今，企业的生产、运作流程越来越复杂，涉及产品研发、生产、销售、物流仓储、售后服务等多个环节，单个的企业需要花费巨大的成本与精力才能完成。互联网的出现使世界范围内的跨时空合作成为可能，不同的市场主体聚集于共同的平台之上，主体之间通过专业分工、高效沟通可有效提升生产效率，增强整体竞争力，实现各方的共赢。

互联网时代，平台成为产业创新、组织变革的重要驱动力，也为商业的变革带来了新的思维和机遇。企业经营者们必须具备平台思维，运用平台思维打造商业生态体系，实现更大、更持久的价值创造。

（二）从社群到社群平台：社群价值的扩张

当社群发展到成熟阶段，成员规模较为稳定，社群结构较为稳固，社群关系紧密，社群凝聚力强。此时，社群便具有了平台的价值，一边是稳固的、强黏度的用户，另一边是围绕着用户需求提供产品的供应方，通过社群平台的连接实现资源的优化配置，提高资源使

---

① 江鸿、刘晓丽：《如何以大平台竞合化思维引导传媒发展？——以360的跨界发展为例》，《新闻论坛》2015年第2期。

用效率。社群用户的需求是多元化的，平台模式有助于社群协同其他资源更好地满足用户需求。社群经济向平台经济的转型，是解决社群经济商业痛点、实现社群商业价值延伸和扩张的一种可能路径。

1. 社群的平台价值

互联网的迅猛发展，使每一个个体、企业、组织都在不知不觉中与互联网发生着关系，在无形的互联网上，我们可以去寻找或制造节点，这些节点就是平台。在互联网诞生以前，我们可见的平台多是通过物理空间实现的，如超市、购物商场之于卖家和买家。在互联网诞生后，便产生了各种无形的网络平台，如淘宝、京东的电子商务平台。因而，我们可以看出，无论是物理空间还是虚拟网络空间平台，它们的一个共同点就是通过一定的介质，使双边（或多边）主体实现了互融互通。

平台的核心价值在供给方与需求方市场之间构建一个相互交换的场域，使需求与供给有效对接。平台的首要目标是匹配用户，通过商品、服务或社会货币的交换为所有参与者创造价值。[①] 在网络信息技术的驱动下，各类互联网平台迅速崛起，与现实空间中的平台不同，互联网平台跨越了时空的限制，聚集了海量的信息与资源，使得互联网平台在连接能力、资源整合能力上具备了独特的优势。通过互联网平台，大大提升了商业活动的效率。

社群作为平台方的核心价值就是在社群用户（需求方）与产品生产商（供给方）之间建立连接关系，实现资源的有效匹配，为产品的生产、消费、售后环节提供支持条件。由社群向社群平台的转型，其最大的资源优势即在于其优质的用户资源。一方面，社群的用户资源对于产品供给方有着极大的吸引力和商业价值。作为产品的生产、供给方，迫切需要找到稳定、高质量的消费者，通过社群连接消费者，不仅能找到产品的消费者，还可以获得消费者的反

---

① ［美］杰奥夫雷·G. 帕克、马歇尔 W. 范·埃尔斯泰恩等：《平台革命：改变世界的商业模式》，志鹏译，机械工业出版社 2017 年版。

馈、参与及口碑传播。而社群平台可以实现这些信息的传递与共享，当大量的资源信息在网络中互联互通，资源也就能在一定程度上实现最优的配置。另一方面，社群聚合了高黏度的用户资源。用户是存在着多种需求的，单靠社群无法满足其所有需求，如果社群无法满足，他们就会转而向社群之外寻求满足，就会造成社群用户价值的流失。这就需要社群组织通过资源整合，将能满足用户需要的外部资源纳入社群经济体系，使得消费者需求能在社群经济体系范围内得到解决，最终获得多方的共赢。

2. 用户感知价值、社群社会资本的价值与作用在平台经济情境下得到更大的彰显

通过本书前期的研究我们发现社群社会资本、用户感知价值是社群经济发展的重要影响因素，当社群经济向平台经济转型，平台经济的双边市场与网络外部性特征将使得这两大影响因素的作用得到更大的释放与彰显。

一方面，平台经济具有网络外部性特征。在双边市场情形下，平台一边的用户规模越大，对另一边的用户吸引力就会越大，平台的规模也随之扩大。双边的市场主体是呈现出相互依存、互相影响的关系，通过平台的作用实现双方利益的共赢。随着社群社会资本的逐渐积累，社群的规模、关系质量都将得到提升，并逐渐形成品牌效应，吸引更多用户加入，从而实现良性循环。社群社会资本的增长，不仅可以保证社群平台有稳定的用户规模，同时还能基于品牌效应实现用户规模的增长。用户是社群平台的优势资源，社群用户在规模与黏性上的增长对平台另一边的供给方吸引力越大，愿意加入平台的供给方就会越多。同时，当供给方的数量增多，通过社群平台提供给用户的商品就会越丰富，越能满足用户的需求，对社群用户的吸引力和价值就会越大。

另一方面，平台经济是一个双边的市场。平台的双边市场特征是指平台型企业的买卖双方相互吸引，平台可以整合具有互补需求的双边用户，平台企业的双边用户履行各自的责任，为平台的正常

运转作出贡献。平台的繁荣,取决于双边市场主体的良性发展。作为平台的需求方,社群用户是具有多种需求的消费者,而单靠社群自身无法满足用户的多样性需求,在这种情形下,通过社群平台纳入更多的外部生产资源,就能在社群经济体系之内满足用户需求,提升社群经济效益。平台的供给方越多,越能提供丰富、质优价廉的产品或服务,满足社群用户的需求。在这种情境下,用户感知价值就会越高。当用户的感知价值较高时,他/她就会愿意留在社群平台之上,通过消费行为满足个人需求,甚至为平台进行口碑传播并参与协作、积极反馈,以更好地指导供给方的产品生产,从而实现供需双方的良性循环。平台要做的就是制定合适的价格结构与准入机制,使双边市场用户在交易的过程中均能够获得价值增值,只有这样平台才能获得自身的发展,提高市场竞争力。

可以说,人类社会发展的过程,就是人们不断追求实现资源优化配置,满足人类生存和发展需要的历程。资源配置的合理与否,对于经济发展有着重要的影响,如果资源能够进行合理的配置,则经济效益就高,经济发展速度加快;反之,经济效益就低下,经济发展受阻。从这个意义上来说,平台经济相对于传统经济,在资源的合理、优化配置上有着天然的优势。网络,依靠其强大的信息连接能力来配置商业资源、社会资源,以及一切社会生活资源,把产品资源与需求资源进行整合,实现产品的供给与消费者需求的优化配置,从而提高资源配置的效率,提升生产资源的转化率,更节约了大量的社会成本,实现了价值的再创造。

(三) 社群平台经济模式的构成

社群的平台经济模式由需求方(社群用户)、供给方、社群平台以及平台支撑系统四个主要方面构成,如图6-1所示。

首先,需求方。需求方是指在社群平台上接受各种服务的社群用户。它是平台双边市场中重要的一方,是产品与服务的消费者。社群用户不同于传统的消费者群体,他们有着共同的兴趣和价值观,具有鲜明的消费特征,借助于大数据、人工智能等技术,产

第六章 研究启示

```
    需求方              供给方
    社群用户     ←→     企业
       ↘              ↙
         →  社群平台  ←
              ↑
        平台支撑系统
      物流、技术、支付、售后、营销等
```

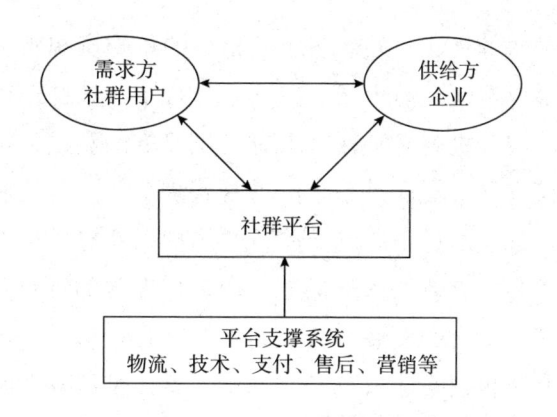

图 6-1　社群平台经济模式

品/服务的生产商能够更好地把握用户特征和需求，生产出适销对路的产品。随着市场竞争的激烈，卖方市场逐渐转变为买方市场，在这种情境之下，企业必须准确把握买方，即社群用户的需求，才能获得强大的市场竞争力。同时，需求方还可以借助平台与供给方产生互动，社群用户可以就产品/服务的使用感受、需求进行反馈，企业可以及时响应。这种互动在指导企业进行生产的同时，还可以增进企业与用户之间的关系。

其次，供给方。供给方是指产品或服务的生产商，主要由企业构成。它是平台双边市场中另一重要的构成主体，是产品与服务的生产者。供给方之所以加入社群平台经济体系，主要是基于社群稳定、高黏度的用户。通过社群平台的连接，共享社群用户资源（即需求方）。围绕社群这一既定的用户群体，发掘需求，提供产品，从而实现盈利。供给方是社群生产能力和生产资源的拓展，单个社群的资源占有量、生产能力都是有限的，不能完全满足用户的各种需求，而供给方的企业往往在某一产品的生产上有着优势，可以与社群平台实现优势互补，从而将社群成员的消费行为圈入社群平台经济体系之中。

再次，社群平台。社群平台是指社群通过资源整合后所形成的以社群为核心的平台。社群平台负责平台的搭建、运营和日常管理。首先是平台的搭建，社群基于其核心的用户资源吸引供给方企业的加入，形成双边交易市场。在这个过程中，社群需要制定合理的价格结构和准入机制来平衡需求方与供需方的利益，实现双方市场主体的繁荣发展。其次是平台的日常管理工作，对社群内部互动的管理、成员规模的扩张、成员关系的维护以及对供给方企业的管理等，社群平台的有效管理是保证平台良性发展的重要条件。最后是平台的运营，平台的发展与壮大离不开平台运营，平台的价格结构、合作机制要根据实际情况灵活调整，保证供需双方的利益，同时通过打造平台品牌，为平台带来增值，吸引更多市场主体的加入。

最后，平台支撑系统。平台支撑系统主要为平台经济的发展提供物流、技术、支付、售后、营销等多方面的支持，以保证平台系统的运行。社群平台连接了需求方、供给方市场，但供需双方交易的完成还需一系列中间环节做保障。技术是整个平台经济运行的基础，支付系统帮助用户快速实现在线交易，物流帮助产品便捷、安全地传递到用户手中，售后服务为用户提供购买前、中、后的全方位服务，营销服务帮助社群平台塑造品牌形象，发布产品与促销信息，这些支撑服务最终的目的就是更好地服务于供给方、需求方，帮助交易的达成，保证平台经济系统的顺利运转。

社群平台经济模式的这四个构成要素是相辅相成、相互影响的。它们各自发挥自身的优势，各司其职、分工合作，实现了资源的最大化利用，极大地提升了平台经济的效率和效益，缺少任意一个要素，平台经济绩效就无法实现。而其中，社群平台居于核心地位，将多方市场要素整合在平台之上，并通过制定市场规则来进行平台经济的管理与运营，这对社群运营者们的管理与运营能力提出了更大的挑战。社群运营者们应立足于自身的核心价值和优势，以用户为中心进行平台的创建和拓展。

三 平台与跨界：社群生态体系布局

平台经济考验的是社群运营者资源整合与资源配置的能力，通

第六章
研究启示

过整合多边资源，实现社群经济价值扩张，提高经济效益。互联网的无限性不仅打破了资源"瓶颈"，也模糊了产业边界，未来的竞争将是商业模式的竞争，是资源整合和资源聚集的竞争。在移动互联网时代，互联网正成为连接一切的中心，企业之间、行业之间的疆界将被完全打破，企业间、产业间的跨界合作将构成一个个全新的商业生态系统。

商业生态系统（Business Ecosystem）的概念由美国企业战略专家摩尔（Moore）提出，他从生态学的视角对现代企业的竞争问题进行了分析，认为商业生态系统即是以组织和个人的相互作用为基础的经济联合体。[①] 消费者、生产者、供应商、中介机构及其他利益相关者等构成主体各自发挥自身的作用与优势、相互支持，共同构成了彼此相依的价值网。由此，社群平台生态系统就是在互联网环境下，以社群平台为核心的商业生态系统。

如今，消费者的需求越来越复杂、多变，单一的企业个体无法全面满足消费者的需要。对于社群同样如此，社群成员的需求同样是多样化的，且对产品/服务的品质要求越来越高，仅靠社群自身是难以做到的，这在客观上要求社群通过与其他市场主体之间互相合作、优势互补、利益共享来为社群成员提供"一站式"的解决方案。在互联网的冲击下，当前产业之间的边界日益模糊，企业之间的单兵作战模式逐渐被商业生态系统之间的竞争模式所取代。平台的双边特点，区别于传统的垂直竞争战略，在传统的商业竞争中，从商业模式到市场布局，企业主游走于全产业链之中，通过合并、收购，在产业上下游争锋，但总归还是从主业到边缘的距离，且随着竞争的激烈企业的生存越来越艰难。如今，互联网成为企业合纵连横的支撑点和载体，越来越多的企业主体运用平台战略，谋求跨界合作，实现资源共享。如阿里巴巴的余额宝、支付宝支付跨界到

[①] 转引自周建良《基于电子商务生态系统的中小企业发展策略研究》，《企业经济》2011年第9期。

传统的金融行业，滴滴打车跨界到传统的出租车业务，团购网站美团网跨界到了餐饮外卖领域。在这种背景之下，社群平台除注重社群内部社会资本的累积以外，还要更加重视社群外部社会资本的拓展，即广泛地与外部的企业、资源建立关系，通过聚合更多的资源优势来满足社群用户的需求。

社群生态的布局，需要基于社群属性和用户需求，打通产业链的各个环节，整合优质资源，构建多元的盈利模式。具体而言，需要把握以下几点。

第一，洞悉用户需求，以用户为导向。互联网思维的本质，是商业回归人性，更注重人的价值。① 社群商业的起点和原点皆是"人"，对人的尊重，充分满足人的需求，是社群商业生态布局的首要考虑因素。一方面，在前文的论述中我们提到，用户感知价值的构成是多维的，除了产品功能上的诉求外，还有着更多情感上的需求。因而，社群在进行商业生态布局时必须了解用户的这些需求，据此去寻求和开拓相应的资源来满足用户。另一方面，基于互联网的开放性和互动性，用户的需要有了反馈的渠道和平台，社群用户可以直接将其建议与感受发布在社群平台上。同时消费者的需求是处于动态变化之中的，社群商业系统也应形成一种动态响应机制，及时处理用户需求。社群运营者要善于在互动中敏锐洞悉用户的诉求，在产品的开发、设计、传播、交易各个环节满足用户所需，提供更好的用户体验。

第二，围绕社群属性和核心价值，合理进行生态布局。在社群商业系统的构建中，除以用户为导向以外，还要符合社群本身的核心价值，进行合理的拓展延伸。社群核心价值是社群存在与发展的基础，是吸引用户成员的根本之所在。社群在创建之初往往都是基于其独特的定位和价值点吸引用户的加入，即使社群向商业化转型，也不能背离这一核心基点，否则就会导致用户的流失，这对于

---

① 赵大伟：《互联网思维独孤九剑》，机械工业出版社2015年版，第9页。

平台系统而言是致命的。社群平台生态系统的构建要围绕社群属性和核心价值进行合理的延伸，从而占据商业生态系统的关键位置，掌握商业生态系统的控制权，不断提升自己的实力。罗辑思维在创立之初是一个优酷自媒体节目和一个微信公众号，其内容输出主要为帮助用户"快餐式"地阅读，其定位为一个知识型社群，随着罗辑思维这个社群的不断壮大和成熟，罗辑思维由产品向平台转型，有了"得到"这一全新的服务于知识贡献者和知识消费者的平台，聚合了大量优质的内容资源与内容消费者。由此我们可以看到，从罗辑思维到得到的转型，并未背离其作为知识服务者的核心价值定位，反而通过平台运营，将更多更加优质的内容生产者/生产商聚合了起来，更好地满足了用户的需求。

第三，创建参与机制，实现资源互补。社群平台生态系统的构建来自多方企业成员的参与，成员的准入机制、系统中成员与成员之间的关系处理是平台生态系统能否顺利运转的关键。首先，成员企业所拥有的能力、资源是首先需要考虑的。社群平台生态系统构建的目的就是弥补单一社群在资源与能力上的不足，通过吸纳外部资源进行资源的互补，增强社群平台的生产力与竞争力。因此，社群平台在选择商业生态系统的成员企业时，要注意不同企业之间在资源和能力上的互补性。其次，要建立合作与管理机制。如今，企业分工越来越精细化，通过协作来完成全球范围内的合作已成大势所趋。生态系统内部成员的关系管理对于社群生态系统的健康发展至关重要，成员之间能够进行有效合作，将极大地提升这个生态系统的整体效率。处于商业生态系统之中的企业不是竞争关系，而是一种合作关系，在共同目标的驱动之下，企业成员之间通过分工协作、优势互补，甚至带来互补性创新，增强各个主体适应外部环境的能力，实现共同发展。

第四，建立动态发展机制，增强系统适应性。如同自然生态系统，商业生态系统的内外部环境是不断变化的，这就要求社群平台生态系统不断"进化"，建立动态发展机制，以适应外界环境的变化。一方面要设立考核机制，对合作成员进行科学的考核，将系统中效率低下、能力不足的企业淘汰出去，通过优胜劣汰，吸纳新的、更优质的资源进来，以保持系统的整体质量。另一方面要设立参与机制，扩展生态系统。平台生态系统应该是可扩展的、开放式的，这种可扩展性有助于系统吸引和接收新贡献者的加入，尤其当社群平台面临新的市场环境、新的用户需求时，更需要吸纳新的成员。社群平台作为平台生态系统的核心，应该建立合理的参与合作机制，以便吸纳和协调各个市场主体。通过以上的举措，社群平台生态体系将形成更强大的整体竞争力和适应能力，并实现整个生态系统的不断壮大和发展。

第四节　本章小结

在第五章的研究中，本书通过数据分析得到了用户感知价值、社群社会资本对社群经济的影响作用，并得到了相关的研究结论。本章主要是在研究结论的基础上，对社群经济在实际运营与管理中的策略进行了探讨。

首先，用户感知价值是社群经济重要的影响因素，是社群用户行为的内在驱动力。社群用户价值是一个多维度的构成，包含功能价值、情感价值、社会价值等维度，主要来源于社群产品/内容质量、服务质量以及社群品牌形象。社群运营者要通过打造社群品牌、优质产品的持续产出、让用户参与价值创造等途径来提升社群用户感知价值。

其次，作为社群经济的另一重要影响因素，社群社会资本是社群经济发展的重要战略资源。对于社群的运营者而言，必须认识到用户是社群社会资本的重要来源，社群运营的核心就是要建立与用户的关系，通过保持持续互动、增强情感连接、建立核心价值观、提升社群价值、玩参与感游戏，激发协同与创造、加强社群风险管理来提升社群社会资本。

  最后,指出了社群经济未来发展趋向为平台经济。随着社群用户的不断积累,用户规模与用户黏性的日益增长,社群便具有了平台的价值。在平台经济的情境下,用户感知价值、社群社会资本的价值与作用将得到更大的彰显。社群运营者们需具有平台思维,通过开放与共享,引入外部资源,共同构建一个相互促进、发展共赢的社群商业生态系统。

第七章 研究局限与未来研究展望

第一节 本研究的局限性

虽然本书研究在理论与实践方面作了一些探索,但由于研究条件的所限,本书研究还存在以下几个方面的不足:

第一,本书研究仅重点探讨了用户感知价值、社群社会资本对于社群经济的影响,但是未将技术条件、社群成员个人特质、社群组织管理等其他因素纳入考察范围。同时,本书研究做的是一个普适性研究,并未将社群类型纳入考量的范围,本研究所建构的理论模型在不同类型的社群经济中是否适用、其影响要素是否存在差异还有待进一步的研究。

第二,本书研究主要是从社群用户的视角展开,针对社群用户进行问卷调查与分析。但是由于时间和个人精力的限制,未对社群运营者进行访谈和调研。社群运营者作为社群经济中另一重要的构成主体,对于社群经济的发展产生着重要影响,因而,在后续的研究中需将对运营者的研究纳入进来,进一步完善本研究的理论模型。

第三,关于社群绩效的测量问题,在本书研究中,社群绩效的量表为自行开发的量表,其测量指标是否能有效反映社群绩效的真实情况还需后续进一步验证和完善。

第二节 未来研究展望

社群经济作为一个新的研究领域，目前对该领域的研究尚不够充分，还有着巨大的研究潜力。在未来的研究中，仍有一些值得探讨的问题。

第一，增加新的维度和视角，扩大对社群经济影响要素的筛选，验证社群经济影响要素对社群绩效的作用机理。在后续的研究中可将技术条件、社群成员个人特质、社群组织管理等因素纳入进来，验证其对社群经济的影响作用。

第二，对不同类型的社群经济展开研究，考察如知识型、兴趣性、关系型、产品/品牌型社群等不同社群类型中的影响要素是否存在差异以及不同因素在影响程度上的差异，以更好地指导社群经济活动的实践。

第三，社群经济是一个动态发展的过程，在未来将采用动态的研究视角，对社群经济产业链的各个构成主体（社群运营方、合作资源、社交沟通平台、服务支持平台和社群成员等）保持持续性的关注，展开广泛、深入的访谈和调研，不断丰富和完善本研究的理论模型。

附 录

用户感知价值、社群社会资本对社群经济影响研究调查问卷

尊敬的朋友，您好！

  本项目正在进行一项关于用户感知价值、社群社会资本对社群经济影响的调查。十分感谢您在百忙之中抽出时间来参加本次调研。本次问卷调查不记名，不公开，仅做学习、研究之用，绝不用于任何商业用途。我们将对您的信息严格保密。在您回答问题时，请集中于您平时参与网络社群的印象和经验。

  衷心感谢您的支持！

  提示：网络虚拟社群即在网络空间中基于共同的兴趣、爱好或目的，通过互动与交流，而形成的个体的集合体。如微信群、QQ群、微信公众号、微信小程序、App应用程序、微博等。本项研究的网络社群是带有商业目的的社群，即除了日常的交流、互动外，社群的创建者或者管理者会向成员推荐、售卖产品等。不包括纯做情感交流、工作沟通所用的QQ群、微信群，如亲友群、工作群、同学群等。

甄别题

您是否有加入某一网络社群？

□是

□否（请停止作答）

第一部分　社群用户感知价值情况

【说明】请您根据自己在社群中的经历和实际情况，对表格中的相关描述进行评价（在相应数字前打"√"，其中1=非常不赞同，2=不赞同，3=比较不赞同，4=中立，5=比较赞同，6=赞同，7=非常赞同）。

	非常不赞同…………非常赞同						
GNJZ1 我觉得社群提供的产品质量很好	1	2	3	4	5	6	7
GNJZ2 社群提供的产品易于使用	1	2	3	4	5	6	7
GNJZ3 社群提供的产品能有效解决我的问题	1	2	3	4	5	6	7
TYJZ1 该社群给我带来了很多快乐	1	2	3	4	5	6	7
TYJZ2 该社群的整体氛围让我感觉很愉悦	1	2	3	4	5	6	7
TYJZ3 与社群成员的交流，让我感觉充满乐趣	1	2	3	4	5	6	7
JGJZ1 社群售卖的产品价格便宜	1	2	3	4	5	6	7
JGJZ2 社群售卖的产品物有所值	1	2	3	4	5	6	7
JGJZ3 社群售卖的产品价格比其他购买渠道更低	1	2	3	4	5	6	7
SHJZ1 我觉得成为该社群成员可以给别人好印象	1	2	3	4	5	6	7
SHJZ2 该社群的整体形象和我的品位个性很相配	1	2	3	4	5	6	7
SHJZ3 成为该社群的成员与我在别人心中的形象相符	1	2	3	4	5	6	7
SHJZ4 该社群代表着一种鲜明的个性	1	2	3	4	5	6	7

第二部分　社群社会资本情况

【说明】请您根据自己在社群中的经历和实际情况，对表格中的相关描述进行评价（在相应数字前打"√"，其中1=非常不赞同，2=不赞同，3=比较不赞同，4=中立，5=比较赞同，6=赞同，7=非常赞同）。

	非常不赞同…………非常赞同						
HD1 我与社群内的其他成员关系很紧密	1	2	3	4	5	6	7
HD2 通常情况下，我能通过用户名识别出群体成员	1	2	3	4	5	6	7

续表

	非常不赞同…………非常赞同						
HD3 我与社群其他成员有着频繁的交流	1	2	3	4	5	6	7
HD4 大部分时候我是与社群成员进行互动，而较少与不同观点的其他网民进行互动	1	2	3	4	5	6	7
	非常不赞同…………非常赞同						
XR1 我认为社群成员之间的信任度较高	1	2	3	4	5	6	7
XR2 我对社群成员提及信息的真实性高度信任	1	2	3	4	5	6	7
XR3 我相信群体成员不会别有用心地利用其他成员	1	2	3	4	5	6	7
XR4 做相关决定时，我会参考社群成员的建议	1	2	3	4	5	6	7
HH1 如果我遇到问题，社群其他成员会帮助我	1	2	3	4	5	6	7
HH2 从其他成员那得到帮助，我也会去帮助别人	1	2	3	4	5	6	7
HH3 社群里有人求助时，我会帮助解答	1	2	3	4	5	6	7
	非常不赞同…………非常赞同						
GTYY1 社群里有一些内部交流的语言，如关于人物、产品等的昵称、别称或专业术语。	1	2	3	4	5	6	7
GTYY2 在交流过程中，成员都使用可被理解的沟通模式	1	2	3	4	5	6	7
GTYY3 成员有时会使用共同理解的形式发布信息，如语言、图片、视频等	1	2	3	4	5	6	7
GTYY4 成员们长期形成了一些共同默认的事物或观点	1	2	3	4	5	6	7
GTYJ1 社群成员对于社群的发展有比较一致的意见	1	2	3	4	5	6	7
GTYJ2 社群成员拥有共同的目标，会围绕社群进行沟通和交流	1	2	3	4	5	6	7
GTYJ3 成员对社群的未来发展充满热情	1	2	3	4	5	6	7

第三部分 用户满意、社群认同情况

【说明】请您根据自己在社群中的经历和实际情况，对表格中的相关描述进行评价（在相应数字前打"√"，其中1=非常不赞同，2=不赞同，3=比较不赞同，4=中立，5=比较赞同，6=赞同，7=非常赞同）。

	非常不赞同						非常赞同
CS1 该社群很好地满足了我的需求	1	2	3	4	5	6	7
CS2 该社群符合了我预先的期望	1	2	3	4	5	6	7
CS3 总体上看，我对该社群非常满意	1	2	3	4	5	6	7
	非常不赞同						非常赞同
RT1 我认为我是社群的一分子	1	2	3	4	5	6	7
RT2 在社群中，我和其他人有共同的目标	1	2	3	4	5	6	7
RT3 和社群成员的互动，对我来说很重要	1	2	3	4	5	6	7
RT4 我对社群有很大的依赖感	1	2	3	4	5	6	7
RT5 我会尽力维护和社群的关系	1	2	3	4	5	6	7

第四部分 社群涉入度、社群绩效情况

【说明】请您根据自己在社群中的经历和实际情况，对表格中的相关描述进行评价（在相应数字前打"√"，其中1=非常不赞同，2=不赞同，3=比较不赞同，4=中立，5=比较赞同，6=赞同，7=非常赞同）。

	非常不赞同						非常赞同
SRD1 这个社群对我来说很重要	1	2	3	4	5	6	7
SRD2 我很关注这个社群	1	2	3	4	5	6	7
SRD3 这个社群已经成为我生活中的一部分	1	2	3	4	5	6	7
SRD4 这个社群对我而言很有意义	1	2	3	4	5	6	7
	非常不赞同						非常赞同
JX1 我愿意购买社群提供的内容/产品	1	2	3	4	5	6	7
JX2 我经常购买社群中的内容/产品	1	2	3	4	5	6	7
JX3 我会向他人推荐这个社群	1	2	3	4	5	6	7
JX4 我会向他人推荐社群中的内容/产品	1	2	3	4	5	6	7
JX5 我会参加社群组织的各种活动	1	2	3	4	5	6	7
JX6 我会向社群反馈内容/产品/服务/活动的使用体验	1	2	3	4	5	6	7
JX7 我会向社群提供建设性的意见	1	2	3	4	5	6	7
JX8 我愿意与社群中的其他成员一起合作完成社群中的活动或任务	1	2	3	4	5	6	7

第五部分　个人情况

■　敬请如实、逐项填写您的背景资料（请您放心，所有资料仅供统计分析之用，我们会替您保密）

1. 您的性别是

☐1. 男　　☐2. 女

2. 您的年龄大约在

☐1. 10 岁及以下　　☐2. 11—19 岁　　☐3. 20—29 岁

☐4. 30—39 岁　　☐5. 40—49 岁　　☐6. 50 岁及以上

3. 您的教育程度是

☐1. 高中/中专及以下　　☐2. 本科或专科

☐3. 硕士或博士及以上

4. 您的税后月收入是

☐1. 3000 元及以下　　☐2. 3001—5000 元

☐3. 5001—8000 元　　☐4. 8001—10000 元

☐5. 10001—20000 元　　☐6. 20001—30000 元

☐7. 30001 元及以上

5. 您的职业是

☐1. 企业中高层管理者　　☐2. 一般企管人员

☐3. 工人　　☐4. 专业技术人员

☐5. 商业工作人员　　☐6. 服务性工作人员

☐7. 国家机关干部　　☐8. 社会团体职员

☐9. 教科文卫工作者　　☐10. 学生

☐11. 无固定职业　　☐12. 离退休人员

☐13. 下岗、失业　　☐14. 其他

参考文献

一 中文文献

［美］艾瑞克·奎尔曼:《社群新经济时代——生活与商业行销模式大进化》,洪慧芳译,中信出版社2010年版。

白琳:《顾客感知价值、顾客满意和行为倾向的关系研究述评》,《管理评论》2009年第1期。

［英］鲍尔:《预知社会—群体行为的内在法则》,暴永宁译,当代中国出版社2010年版。

［美］查克·布莱默:《互联网营销的本质——点亮社群》,曾虎翼译,东方出版社2010年版。

陈世平、崔鑫:《从社会认同理论视角看内外群体偏爱的发展》,《心理与行为研究》2015年第3期。

程明、薛海霞:《自主信息传播时代品牌"制度化"的颠覆与"新制度化"的建构——从垂直设计到交互设计》,《现代传播》2016年第6期。

程明、周亚齐:《从流量变现到关系变现:社群经济及其商业模式研究》,《当代传播》2018年第2期。

崔巍:《社会资本、信任与经济增长》,北京大学出版社2017年版。

［美］丹尼斯·麦奎尔:《麦奎尔大众传播理论》,崔保国、李琨译,清华大学出版社2006年版。

郭莉等:《虚拟社区中的社群交互:研究综述》,《技术经济》2014年第12期。

韩兆林：《涉入理论及其在消费者行为研究中的运用》，《外国经济与管理》1997年第1期。

何健民、潘永寿：《顾客感知价值、顾客满意与行为意向关系实证研究》，《管理现代化》2015年第1期。

胡旺盛：《顾客价值与营销创新》，合肥工业大学出版社2006年版。

胡泳、宋宇齐：《社群经济与粉丝经济》，《中国图书评论》2015年第11期。

黄彪文、殷美香：《在个体与集体间流动：论虚拟社群的参与动机与交往基础》，《国际新闻界》2014年第9期。

金韶、倪宁：《"社群经济"的传播特征和商业模式》，《现代传播》2016年第4期。

金盛华：《社会心理学》，高等教育出版社2010年版。

［美］凯文·凯利：《新经济，新规则：网络经济的十种策略》，刘仲涛译，电子工业出版社2014年版。

［美］克莱·舍基：《认知盈余：自由时间的力量》，胡泳、哈丽丝译，中国人民大学出版社2012年版。

孔剑平：《社群经济：移动互联网时代未来商业驱动力》，机械工业出版社2015年版。

［美］兰德尔·柯林斯：《互动仪式链》，苏国勋译，商务印书馆2009年版。

雷星晖、张伟：《电子商务平台顾客感知价值对购买行为及企业未来销售的影响》，《上海管理科学》2012年第4期。

李东旭：《"社会资本"概念的缘起与界定》，《学术交流》2012年第8期。

李宏、孙道军：《平台经济新战略》，中国经济出版社2018年版。

李惠斌、杨雪冬：《社会资本与社会发展》，社会科学文献出版社2000年版。

李善友：《产品型社群：互联网思维的本质》，机械工业出版社2015年版。

廖杨：《民族·族群·社群·社区·社会共同体的关联分析》，《广西民族研究》2008年第2期。

［美］林南：《社会资本：关于社会结构与行动的理论》，张磊译，上海人民出版社2005年版。

刘刚：《顾客感知价值构成型测量模型的构建》，《统计与决策》2007年第22期。

楼天阳、陆雄文：《虚拟社区与成员心理联结机制的实证研究：基于认同与纽带视角》，《南开管理评论》2011年第2期。

卢彦、纳兰：《社群+：互联网+企业行动路线图》，机械工业出版社2016年版。

罗昕、许倩婷：《虚拟社群信任网络的生成与维系：以广州两个跑群为例》，《国际新闻界》2014年第9期。

［美］曼纽尔·卡斯特：《网络社会的崛起》，夏铸九译，社会科学文献出版社2001年版。

彭兰：《网络传播学》，中国人民大学出版社2009年版。

唐莉芳：《社会资本对网络群体行为影响的理论和实证分析》，《商业经济与管理》2016年第2期。

唐兴通：《引爆社群：移动互联网时代的新4C法则》，机械工业出版社2015年版。

王佳：《认同与忠诚：在线品牌社群社会资本对品牌的作用机制研究》，博士学位论文，武汉大学，2016年。

王新新、薛海波：《品牌社群社会资本、价值感知与品牌忠诚》，《管理科学》2010年第6期。

王旭川：《社群商业：互联网+商业模式和创新方法》，机械工业出版社2016年版。

王卓琳、罗观翠：《论社会认同理论及其对社会集群行为的观照域》，《求索》2013年第11期。

肖阳:《品牌价值管理:基于顾客感知与创新驱动的视角》,经济科学出版社 2015 年版。

[美]谢利·泰勒等:《社会心理学(第 12 版)》,崔丽娟等译,上海人民出版社 2017 年版。

徐晋:《平台竞争战略》,上海交通大学出版社 2013 年版。

薛海波:《品牌社群作用机理研究和模型构建》,《外国经济与管理》2012 年第 2 期。

杨善华、谢立中:《西方社会学理论》,北京大学出版社 2015 年版。

叶秀敏:《平台经济的特点分析》,《河北师范大学学报》(哲学社会科学版) 2016 年第 2 期。

张莹瑞、佐斌:《社会认同理论及其发展》,《心理科学进展》2006 年第 3 期。

赵大伟:《互联网思维独孤九剑》,机械工业出版社 2015 年版。

朱安全、周德文:《社群经济学》,人民邮电出版社 2016 年版。

二 外文文献

Adiele C., "Modeling Interactivity in a B2B Web-based Community", 2008 Third International Conference on Digital Information Management, IEEE, 2008.

Algesheimer R., et al., "The Social Influence of Brand Community: Evidence from European Car Clubs", *Journal of Marketing*, Vol. 69, No. 3, 2005.

Alsabbahy H. Z., et al., "An Investigation of Perceived Value Dimensions: Implications for Hospitality Research", *Journal of Travel Research*, Vol. 42, No. 3, 2004.

Andrews J. C., et al., "A Framework for Conceptualizing and Measuring the Involvement Construct in Advertising Research", *Journal of Advertising*, Vol. 19, No. 4, 1990.

Bearden W. O., Teel J. E., "Selected Determinants of Consumer

Satisfaction and Complaint Reports", *Journal of Marketing Research*, Vol. 20, No. 1, 1983.

Bernardin H. J., et al., *Perfomance Appraisal Design, Development and Implementation*, MA: Blackwell, 1995.

Brumbrach, *Performance Management*, London: The Cromwell Press, 1988.

Campbell J. P., et al., *A Theory of Perfomance*, San Francisco: Jose Bass Publishers, 1993.

Chiu C. M., et al., "Understanding Knowledge Sharing in Virtual Communities: An Integration of Social Capital and Social Cognitive Theories", *Decision Support Systems*, Vol. 42, No. 3, 2006.

Coleman J. S., *The Foundation of Social Theory*, MA: Harvard University Press, 1990.

Cronin J. J., et al., "Assessing the Effects of Quality, Value, and Customer Satisfaction on Consumer Behavioral Intentions in Service Environments", *Journal of Retailing*, Vol. 76, No. 2, 2000.

Dholakia, Bagozzir P., et al., "A social Influence Model of Consumer Participation in Network and Small-group-based Virtual Communities", *International Journal of Research in Marketing*, Vol. 21, No. 3, 2004.

Flint D. J., et al., "Customer Value Anticipation, Customer Satisfaction and Loyalty: An Empirical Examination", *Industrial Marketing Management*, Vol. 40, No. 2, 2011.

Galaskiewicz J., Wasserman S., "Mimetic Processes within an Inter-organizational Field: An Empirical Test", *Administrative Science Quarterly*, Vol. 34, No. 3, 1989.

Hagel J., "Net Gain: Expanding Markers Through Virtual Communities", *Journal of Interactive Marketing*, Vol. 13, No. 1, 1999.

Han J. J., et al., "The Effect of Individual Needs, Trust and Identification in Explaining Participation Intentions in Virtual Communities", *Hawaii International Conference on System Sciences*, 2007.

Ho S. H., Huang C. H., "Exploring Success Factors of Video Game Communities in Hierarchical Linear Modeling: The Perspectives of Members and Leaders", *Computers in Human Behavior*, Vol. 25, No. 3, 2009.

Labarbera P., Mazursky D., "A Longitudinal Assessment of Consumer Satisfaction/Dissatisfaction: The Dynamic Aspect of the Cognitive Process", *Journal of Marketing Research*, Vol. 20, No. 4, 1983.

Leimeister J. M., et al., "Success Factors of Virtual Communities from the Perspective of Members and Operators: An Empirical Study", Hawaii International Conference on System Sciences IEEE, 2004.

Lin H. H., Wang Y. S., "An Examination of the Determinants of Customer Loyalty in Mobile Commerce Contexts", *Information & Management*, Vol. 43, No. 3, 2006.

Liu Y., Yang D., "Information Exchange in Virtual Communities Under Extreme Disaster Conditions", *Decision Support Systems*, Vol. 50, No. 2, 2011.

Lloyd A. E., Luk S. T. K., "The Devil Wears Prada or Zara: A Revelation into Customer Perceived Value of Luxury and Mass Fashion Brands", *Jorunal of Global Fashion Marketing*, Vol. 1, No. 3, 2010.

Mael F., Ashforth B. E., "Alumni and Their Alma Mater: A Partial Test of the Reformulated Model of Organizational Identification", *Journal of Organizational Behavior*, Vol. 13, No. 2, 1992.

Mcmillan S. J., "A Four-part Model of Cyber-interactivity Some Cyber-places are More Interactive Than Others", *New Media & Society*, Vol. 4, No. 2, 2002.

Merlo O., et al., "Social Capital, Customer Service Orientation and Creativity in Retail Store", *Journal of Business Research*, Vol. 59, No. 12, 2004.

Mitchell A. A. , "Involvement: A Potentially Important Mediator of Consumer Behaviour", *Advances in Consumer Research*, 1979.

Oliver R. L. , Swan J. E. , "Equity and Disconfirmation Perceptions as Influences on Merchant and Product Satisfaction", *Journal of Consumer Research*, Vol. 16, No. 3, 1989.

Onyx J. , Bullen P. , "Measuring Social Capital in Five Communities", *Journal of Applied Behavioral Science*, Vol. 36, No. 1, 2000.

Preece J. , "Sociability and Usability in Online Communities: Determining and Measuring Success", *Behavior & Information Technology*, Vol. 20, No. 5, 2001.

Rheingold H. , *The Virtual Community: Homesteading on The Electronic Frontier*, MIT Press, 2000.

Rothschild M. L. , "Perspectives in Involvement: Current Problems and Future Directions", *Advances in Consumer Research*, Vol. 11, No. 4, 1984.

Suh J. , Youjae Y. , "When Brand Attitudes Affect the Customer Satisfaction - Loyalty Relation: The Moderating Role of Product Involvement", *Journal of Consumer Psychology*, Vol. 16, No. 2, 2006.

Sweeny J. C. , Soutar G. N. , "Consumer Perceived Value: The Development of a Multipleitem Scale", *Journal of Retailing*, Vol. 77, No. 2, 2001.

Szmigin I. , et al. , "Online Community: Enhancing the Relationship Marketing Concept Through Customer Bonding", *International Journal of Service Industry Management*, Vol. 16, No. 5, 2005.

Teo H. H. , et al. , "Evaluating Information Accessibility and Community Adaptivity Features for Sustaining Virtual Learning Communities", *International Journal of Human Computer Studies*, Vol. 59, No. 5, 2003.

Vernuccio M. , "Communicating Corporate Brands Through Social Media: An Exploratory Study", *International Journal of Business Com-*

munication, Vol. 51, No. 3, 2014.

Wu J. J., Chang Y. S., "Towards Understanding Members Interactivity, Trust, and Flow in Online Travel Community", *Industrial Managementg & Data Systems*, Vol. 105, No. 7, 2005.

Zaichkowsky J. L., "Conceptualizing Involvement", *Journal of Advertising*, Vol. 15, No. 2, 1986.

Zaichkowsy J. L., "Measuring the Involvement Construct", *Journal of Consumer Research*, Vol. 12, No. 3, 1985.

Zboralski K., Gemünden, "Trust, Cohesion, and Identification As Drivers of Cop Performance: The Moderating Effect of Knowledge Type", *World Scientific Book Chapters*, Vol. 20, No. 15, 2004.

Zeithaml V. A., "Consumer Perceptions of Price, Quality, and Value: A Means-end Model and Synthesis of Evidence", *The Journal of Marketing*, Vol. 52, No. 3, 1988.